DARKSIDE

A LITTLE BIT OF RUNES: AN INTRODUCTION TO NORSE DIVINATION
Copyright © 2018 by Cassandra Eason
Cover © 2018 Sterling Publishing Co., Inc.
Todos os direitos reservados.

Tradução para a língua portuguesa
© Verena Cavalcante, 2024

Diretor Editorial
Christiano Menezes

Diretor Comercial
Chico de Assis

Diretor de Novos Negócios
Marcel Souto Maior

Diretora de Estratégia Editorial
Raquel Moritz

Gerente Comercial
Fernando Madeira

Gerente de Marca
Arthur Moraes

Gerente Editorial
Marcia Heloisa

Editora
Nilsen Silva

Adap. Capa e Proj. Gráfico
Retina 78

Coord. de Diagramação
Sergio Chaves

Designer Assistente
Ricardo Brito

Preparação
Flora Manzione

Revisão
Cris Negrão
Jessica Reinaldo
Retina Conteúdo

Finalização
Sandro Tagliamento

Marketing Estratégico
Ag. Mandíbula

Impressão e Acabamento
Braspor

DADOS INTERNACIONAIS DE CATALOGAÇÃO NA PUBLICAÇÃO (CIP)
Jéssica de Oliveira Molinari – CRB-8/9852

Eason, Cassandra
    Manual prático das runas / Cassandra Eason; tradução de Verena
Cavalcante. — Rio de Janeiro : DarkSide Books, 2024.
    128 p.

    ISBN: 978-65-5598-380-7
    Título original: A Little Bit of Runes

    1. Runas 2. Leitura da sorte por runas I. Título II. Cavalcante, Verena

24-1356   CDD 133.3

            Índice para catálogo sistemático:
                    1. Runas

[2024]
Todos os direitos desta edição reservados à
DarkSide® Entretenimento LTDA.
Rua General Roca, 935/504 — Tijuca
20521-071 — Rio de Janeiro — RJ — Brasil
www.darksidebooks.com

MAGICAE APRESENTA

MANUAL PRÁTICO DAS
RUNAS

CASSANDRA EASON

TRADUÇÃO VERENA CAVALCANTE

DARKSIDE

MANUAL PRÁTICO DAS
RUNAS

SUMÁRIO

INTRODUÇÃO:
O MUNDO DAS RUNAS 7

1. **ESCOLHENDO, CONFECCIONANDO E CONSAGRANDO SUAS RUNAS** *16*

2. **PRIMEIRO *AETT* E A PRIMEIRA TIRAGEM RÚNICA** *28*

3. **TIRAGEM E INTERPRETAÇÃO RÚNICA: MÉTODOS BÁSICOS** *40*

4. **O SEGUNDO *AETT*: AS RUNAS DE HEIMDALL** *50*

5. **O TERCEIRO *AETT*: AS RUNAS DE TIWAZ** *62*

6. **TIRAGENS MAIS COMPLEXAS E BÁSICAS** *74*

7. **MÉTODOS MAIS COMPLEXOS** *88*

8. **MÁGICA RÚNICA E CRIAÇÃO DE OBJETOS RÚNICOS** *106*

CONCLUSÃO *119*

ÍNDICE REMISSIVO *120*

MANUAL PRÁTICO DAS
RUNAS

INTRODUÇÃO:
O MUNDO DAS RUNAS

O que são runas? Runas são marcas angulares características, baseadas em antigos símbolos entalhados em pedras, que representam diferentes temas envolvendo a humanidade, como idade, lar, família, viagem, amor, prosperidade, mudança, saúde e destino. Quer acreditemos que nosso futuro é imposto pelo destino, pelas deidades, que vem de nós mesmos ou que é uma mistura de todas essas possibilidades, o fato é que as runas podem ser usadas para dar uma nova interpretação às nossas vidas. Para os vikings, elas também refletiam o poder do sol que aquece a terra após o frio invernal; das estrelas, por intermédio das quais os navegantes atravessavam os oceanos; do sucesso das batalhas; da colonização de novas terras; e das árvores mágicas, cujo crescimento e desfolha simbolizavam o ciclo de vida humano, do nascimento até a morte.

As runas são encontradas em diversas partes do mundo, especialmente em locais invadidos pelos vikings; desde a Islândia, que foi colonizada em 815 EC, até a América do Norte, descoberta em 992 EC por Leif, filho do famoso Eiríkr, o Vermelho. Os vikings viajaram da Rússia até a Turquia, à Grécia e até mesmo ao norte da África, o que se percebe por monumentos de pedra, túmulos e múltiplos artefatos com runas entalhadas. Essas marcas são geralmente gravadas em grandes pedras, homenageando viajantes ou guardando a sepultura de um herói morto em batalha. Essas pedras monolíticas sobreviveram, ainda que os pequenos conjuntos de runas divinatórias tenham perecido. A mais longa inscrição rúnica do mundo está em Rök, próximo ao Lago Vättern, na região de Östergötland, na Suécia, e data da década de 800. Há sete tipos diferentes de alfabetos rúnicos esculpidos nela e foi, possivelmente, criada por um homem chamado Varin, em homenagem a seu finado filho, Vämod. As pedras rúnicas continuaram sendo produzidas durante a Idade Média. Nos Estados Unidos, a Kensington Runestone, em Minnesota, e a Heavener Runestone, em Oklahoma, ambas datando de 1300, foram recentemente consideradas genuínas.

O USO DAS RUNAS AO LONGO DAS ERAS

Em conjuntos de runas usados para adivinhação ou previsão do futuro, cada símbolo é pintado, entalhado ou gravado em pedras redondas, ossos, discos de madeira ou bastões. Há, ainda, outros esculpidos em âmbar, e alguns mais modernos são pintados ou gravados em cristais.

As runas são compostas por grupos de 16 a 36 símbolos diferentes, dependendo da região ou do período em que eram utilizadas. As runas de Futhark Antigo, que são usadas pelos vikings e descritas neste livro, são as de uso mais comum, popular e direto. Essa versão tem 24 símbolos e uma runa opcional, que é vazia.

O termo *runa* deriva das antigas línguas do norte da Europa e significa *algo secreto*, *um mistério*. Os segredos das runas foram passados de família a família, por meio da tradição oral, geralmente de mãe para filha. Todavia os símbolos rúnicos não eram usados para a escrita formal, que só chegou à Escandinávia no século XI. Esses registros formais eram feitos por monges cristãos, que anotavam desde lendas orais até canções. Cronistas nativos, como o historiador e poeta islandês Snorri Sturluson, falecido em 1241, também só passaram a registrar os mitos antigos um ou dois séculos depois, sob influência cristã.

No entanto, apesar da chegada do cristianismo à Escandinávia, a tradição mágica das runas continuou até cerca do ano 1500. Seu uso inscritível predominou por mais tempo entre fazendeiros, mercadores e clérigos, especialmente em locais mais remotos.

As runas podem ser usadas para adivinhação, mágica ou meditação e, quando as formas rúnicas são combinadas, criam um talismã mágico de poder ou proteção. Elas também podem ser usadas para formar um alfabeto mágico para codificar e potencializar desejos e feitiços mágicos.

As runas são especialmente mágicas porque cada símbolo, seja ele entalhado, desenhado ou escrito na pedra, no cristal ou na madeira, contém o poder de seu significado, diferente de uma carta de tarô, por exemplo, cuja ilustração é meramente simbólica. Dessa maneira, quando uma runa é escolhida e interpretada durante uma leitura ou ritual mágico, ela não só passa uma mensagem, como nos métodos divinatórios tradicionais, mas também libera as energias daquele símbolo para a vida de quem tirou as runas ou à pessoa para a qual a leitura está sendo feita.

A HISTÓRIA DAS RUNAS

Os primeiros símbolos rúnicos eram signos sagrados associados a Nerthus, Deusa-Mãe da fertilidade, e foram descobertos na Suécia, em antigas gravuras em pedras datadas da Era do Bronze (2300-1200 AEC). Os primeiros símbolos rúnicos contavam com imagens, como a do floco de neve/estrela de seis pontas. Outras figuras incluíam o original *Haeglaz*, *Haegl*, ou Granizo, a runa da mudança e da ruptura; a Roda Solar, *Raidho*, ou *Rad*, runa da ação; e outros símbolos sagrados da Era do Bronze associados à Deusa-Mãe e seus consortes. Esses símbolos costumavam representar o losango, *Ingwaz*, ou *Ing*, o deus da fertilidade, e círculos, espirais e zigue-zagues, encontrados em grande quantidade nessas antigas pedras esculpidas.

Os sistemas rúnicos utilizados hoje datam do século II ou III AEC, quando os povos germânicos do rio Danúbio, onde os sistemas rúnicos modernos parecem ter se originado, entraram em contato com o alfabeto mediterrâneo etrusco. Os povos mediterrâneos faziam transações comerciais por toda a Europa, indo até os países bálticos. As runas seguiam essas rotas comerciais, espalhando-se pelo território através dos próprios comerciantes, que faziam diversas tiragens para descobrir tempos propícios para iniciar jornadas ou negociações. Não há certeza sobre que locais foram os primeiros responsáveis pela formação dos sistemas modernos, por conta do imenso número de invasões e trocas comerciais ocorridas nas regiões anglo-saxãs, escandinavas, bálticas e islandesas. Algumas variações das lendas por trás de cada runa deram diferentes nomes às deidades. *Woden*, por exemplo, é o nome anglo-saxão para o deus viking *Odin*; *Frige* diz respeito a *Frigga*, esposa de Odin e patrona das mulheres, do casamento e das donas de casa; e *Thunor*, deus do trovão, é equivalente a *Thor*, um deus nórdico de suma importância tanto na cosmologia anglo-saxã quanto na viking. As runas também têm nomes levemente distintos em cada sistema, embora os significados permaneçam semelhantes.

TIRAGEM DE RUNAS NOS TEMPOS ANTIGOS

Em *Germânia*, obra escrita em 98 EC pelo historiador romano Públio Cornélio Tácito, há uma descrição dos costumes dos antigos povos germânicos: um pano branco era estendido para receber bastões rúnicos. Tácito explica que se cortava um galho de uma aveleira para esculpir marcas rúnicas, que então eram jogadas e interpretadas por um sacerdote ou pelo pai da família ou do clã, que, de acordo com Tácito, "oferecia uma prece aos deuses e, olhando para o céu, pegava três galhos de uma só vez, lendo os significados dos símbolos previamente entalhados neles".

Tácito também afirma que as mulheres se envolviam em augúrios, presságios e métodos divinatórios de todos os tipos. De acordo com lendas folclóricas da Escandinávia, a *spákona* ou *völva*, uma profetisa, era capaz de tocar em *Orlog*, as leis universais, e utilizar as runas como forma de descobrir caminhos futuros individuais ou para todo o clã. Algumas *seið*, ou bruxas nórdicas, também entalhavam runas de madeira para lançar feitiços e atiravam bastões rúnicos na água.

Edda, outro nome para a mãe-terra nórdica, era a deusa das artes divinatórias, e foi em homenagem a ela que as grandes sagas, ou *eddas*, do mundo islandês e viking foram nomeadas. A tiragem de runas era comumente dedicada a ela, especialmente quando as runas eram jogadas ao chão, um método que será descrito melhor mais adiante no livro.

Esposas, irmãs e mães de homens que estivessem para partir em missões de conquista, de comércio ou para arrebanhar manadas selvagens, entoavam encantamentos mágicos ao entalharem runas, criando amuletos que protegessem os homens em partida. As mulheres eram muito respeitadas em todas as terras anglo-saxãs e escandinavas por seus poderes proféticos, e nenhuma expedição, fosse para comércio ou batalha, acontecia sem que as runas fossem consultadas. Uma mestra das runas é descrita na *Saga de Érico, o Vermelho* (*Eiríks saga rauða*, em islandês). Essa saga foi preservada em dois manuscritos: *Hauksbók* (escrito no século xiv) e *Skálholtsbók* (escrito no século xv).

Ela vestia um manto cravejado de pedras. Ao redor do pescoço e cobrindo a cabeça, usava um capuz forrado com pelagem de gatos brancos. Em uma mão, segurava um cajado com uma bola na ponta, e do cinto, que mantinha seu longo vestido no lugar, pendia uma bolsa de feitiços.

COMO SABEMOS O SIGNIFICADO DAS RUNAS?

Muito da interpretação moderna das runas se baseia em uma série de antigos poemas rúnicos. Os três mais famosos são o *Poema Rúnico Anglo-Saxão* (também conhecido como *Antigo Poema Rúnico Bretão*), o *Antigo Poema Rúnico Nórdico* (ou *Poema Rúnico Viking*) e o *Poema Rúnico Islandês*. Eles foram escritos por monges cristãos e são muito valiosos. Devido à semelhança entre os sistemas rúnicos,

podemos aprender com todos eles. Além disso, os antigos mitos e lendas preenchem as lacunas e nos ajudam a entender o contexto das runas. Porém todos esses significados são apenas o modelo básico. Quanto mais você utilizar as runas, menos dependerá desses sentidos preestabelecidos e mais elas canalizarão, de forma espontânea e poderosa, seus próprios poderes de clarividência. Quanto a mim, já consultei diversas traduções dos três *Poemas Rúnicos* e aprendi sobre as lendas antigas. Na Suécia, estudei, ensinei e escrevi sobre runas, extensivamente, por mais de dez anos. Lá, encontrei diversas pessoas que ainda praticam os velhos caminhos.

ODIN E AS RUNAS

Como já sugerido, é provável que as runas fossem originalmente uma tradição calcada em Nerthus, a deusa da terra. Um poema narra uma história mítica sobre como Odin conheceu a sabedoria das runas. O aspecto mais fascinante desse conto é que, até mesmo Odin, Deus-Pai supremo, precisou se render à profunda e ancestral sabedoria do universo para acessar os poderes superiores que existiam nas runas. Embora haja muitas variações desse poema, ele costuma ser narrado do ponto de vista de Odin, e diz:

> "Durante nove longas noites
> Por uma lança perfurado
> Na Árvore da Vida, Yggdrasil,
> Estive pendurado
> ...
> A mim ninguém trouxe pão
> Hidromel também não
> Nas profundezas mergulhei
> Até que as Runas espiei
> Apanhei-as nas mãos
> E, gritando, tombei."

COMO AS RUNAS PODEM NOS AJUDAR A TOMAR DECISÕES

Embora acreditassem, nos tempos antigos, que as runas revelavam o desejo das deidades, os vikings tinham uma visão espantosamente moderna sobre a vida. Eles acreditavam que o destino não era estático, mas criado por nossas ações e escolhas, tanto do passado quanto do presente, além da postura de nossos familiares e ancestrais, que nos influenciavam geneticamente e com as atitudes transmitidas a seus descendentes.

Hoje partilhamos dessas mesmas preocupações básicas envolvendo nosso lar e nossa família, a vida financeira, o amor, e como encontrar nosso lugar sob o sol. E, como os antigos escandinavos, ainda podemos desenhar um círculo na terra ou imaginar um sobre a mesa da sala de jantar, usando nossa profunda sabedoria para interpretar as runas que lançarmos sobre esse círculo; um ato que, quase instantaneamente, traz certa medida de clareza.

UTILIZANDO AS RUNAS

Embora este livro ofereça um sistema notavelmente simples de ser aprendido, cada runa é um portal para o acesso de sua própria sabedoria intuitiva, não só da sabedoria e da magia dos mundos ancestrais.

Ao escolher uma runa, segure-a e permita que imagens, palavras e sentimentos vindos de seu profundo poço interior de sabedoria (o poço nórdico do destino, Urd) e de todos aqueles que usaram as runas há muitas centenas de anos falem ao seu coração e à sua mente. Como dito anteriormente, as runas são mais que símbolos. Elas contêm o poder de seu significado, por isso, a leitura delas é capaz não só de revelar respostas a perguntas, mas também de energizá-lo com força, poder de cura e coragem.

Ao dizer o nome da runa em voz alta, escrevê-lo ou usá-lo como amuleto, o poder ou a proteção inerente ao símbolo será intrinsecamente ativado(a).

Nós escolhemos as runas necessárias para responder às nossas perguntas retirando-as aleatoriamente de um saquinho. Isso porque nosso subconsciente guia nossa mão para as runas que contêm a chave da mensagem que precisamos receber.

PREVENDO O FUTURO

As runas são incapazes de predizer um futuro determinado, pois ele depende de múltiplas variáveis, mas podem indicar possíveis caminhos a serem seguidos. Na tradição nórdica, as três Nornas, ou deusas do destino, guardavam o *poço de Urd*, presente aos pés da primeira raiz de Yggdrasil, a Árvore da Vida. Era ali que os deuses se reuniam todas as manhãs para o conselho e onde as Nornas nutriam a árvore, molhando-a com água do riacho. A primeira Norna é chamada de *Urdhr* e fala do passado que, segundo a antiga tradição nórdica, não só influencia o presente e o futuro, mas também o dos nossos descendentes, por meio de comportamentos e da maneira como criamos nossos filhos, tanto no âmbito pessoal quanto como parte da sociedade.

A segunda Norna, *Verdandi*, fala das ações do presente e das influências que se envolvem na direção do nosso futuro, sendo, às vezes, influenciadas por reações automáticas a situações do passado ou mágoas que possam nublar nosso julgamento.

Skuld, a terceira Norna, fala do que virá a acontecer, dada essa intrincada rede da interação entre passado e presente. O nosso destino, ou *orlag*, está em constante mudança, pois cada dia que passa é adicionado a essa rede de interações. Assim as antigas ideias das runas vikings ainda fazem sentido no século XXI. Em qualquer época, mesmo nos períodos em que o acaso parece trazer consigo um desastre ou perturbar, de forma inesperada, nossa zona de conforto, a tiragem de runas fornece grandes *insights* às probabilidades e possibilidades de cada caminho futuro que possamos escolher, principalmente aqueles que nunca havíamos considerado.

O PODER DAS RUNAS

A magia nórdica tem muito em comum com a dos antigos egípcios, que acreditavam que cada hieróglifo não só representava um objeto ou uma ideia, mas também continha o poder de seu significado. Dizer o nome de uma runa, escrevê-la ou usá-la como um amuleto pode evocar, em igual medida, poder ou proteção. As runas são uma excelente fonte de magia, de cura e de poder talismânico.

No capítulo 1, explicarei como você pode confeccionar ou comprar um kit de runas e, em ambos os casos, consagrá-lo.

INTRODUÇÃO

1

Escolhendo, Confeccionando e Consagrando suas Runas

MANUAL PRÁTICO DAS
RUNAS

Se preferir comprar um kit de runas, você deverá escolher um conjunto viking ou de Futhark antigo, composto de 24 runas e uma runa extra, vazia. É possível adquirir runas de cristal, madeira, pedra ou metal, tanto pela internet quanto em lojas físicas. Se você acessar um site especializado, poderá encontrar runas feitas por artesãos que são apaixonados pelas peças que criam. Essas runas não costumam ser muito caras, mas têm um valor inestimável por terem sido confeccionadas à mão. Se possível, escolha um kit artesanal em vez de um produzido em série. As runas sempre vêm dentro de um saquinho, mas, se quiser, você pode comprar um especial.

Caso tenha essa opção, passeie pela cidade e procure por kits prontos em lojas esotéricas. Não tenha pressa e não se sinta obrigado a comprar um conjunto caro demais se não for de seu desejo.

É possível encontrar no conjunto adquirido uma variante em uma ou duas runas que difira do Futhark antigo tradicional, pois às vezes os fabricantes podem substituir uma runa islandesa, anglo-saxã ou mesmo um símbolo alternativo utilizado em uma região específica. Nesse caso, disponha todas as runas em ordem, como veremos a seguir, e tente combiná-las com seus respectivos nomes. Veja qual parece divergente, então leia o pequeno folheto que sempre acompanha o kit de runas para ver quais das restantes mais se parece com essa runa perdida. Designe um dos nomes das Futhark para cada runa perdida (não deve ter mais de duas no kit; com sorte, não haverá nenhuma). Depois anote neste livro o símbolo da runa usada para representar a verdadeira runa viking de Futhark antigo.

CONFECCIONANDO AS PRÓPRIAS RUNAS

A melhor opção de todas é criar suas próprias runas. É muito fácil e não exige qualquer habilidade artística. Lembre-se de que as runas foram originalmente esculpidas usando ferramentas rústicas sobre pedra ou madeira, e que geralmente eram atiradas à água corrente após sua interpretação e substituídas antes da leitura seguinte. As runas são compostas de linhas retas muito simples. Tente copiar as runas a seguir em uma folha de caderno. Aqui também estão listados seus nomes, mas não é necessário aprendê-los ainda. Faremos isso nos próximos capítulos.

Nos capítulos seguintes, explicarei o significado de cada runa. Você pode, se desejar, ler sobre cada *aett* (grupos/famílias de oito runas) antes de desenhar os símbolos, alongando seu trabalho por alguns dias.

Tradicionalmente, as runas são feitas pouco antes do pôr do sol, o início do antigo dia nórdico e, se possível, ao ar livre. Em cada uma das runas, desenhe um dos símbolos listados na página seguinte. Os 24 símbolos rúnicos podem ser desenhados ou pintados sobre pedra ou cristal, ou esculpidos, talhados, ou queimados em um graveto, ou um pedaço chato de madeira.

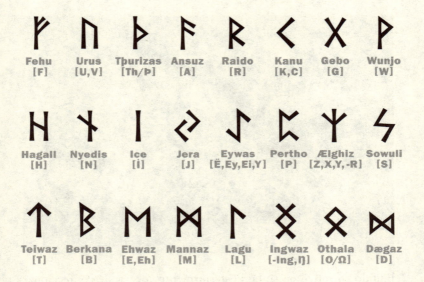

Escolhendo os Materiais Certos

Você pode confeccionar runas a partir de pedras encontradas na costa, à beira de rios ou em colinas. Sair em busca das pedras perfeitas é também uma ótima desculpa para passar um dia ao ar livre.

Em primeiro lugar, pratique em papel, com uma caneta de ponta fina, a escrita das runas exibidas na tabela anterior. Tente começar os símbolos de uma direção diferente a cada vez, para que logo consiga desenhá-los em um único movimento.

Você precisará de 25 pedregulhos planos, todos mais ou menos do mesmo tamanho — que deve ser o de uma moeda —, formato e cor. Se possível, pegue algumas pedras extras para deixar de reserva, caso alguma das runas precise ser substituída.

Você deve marcar um dos lados com o símbolo rúnico e deixar o outro lado em branco, a fim de que todas as runas tenham uma superfície lisa e ampla em que possa grafar com caneta marcadora,

líquido corretivo ou tinta. Posteriormente você pode confeccionar um kit mais especial, pintando cristais ou esculpindo os símbolos em discos de madeira — um cabo de vassoura, por exemplo, cortado em 25 discos do mesmo tamanho fornece o formato ideal para as runas — e pintando, em seguida, as entalhe. Algumas pessoas optam por envernizar as runas, mas vai da escolha de cada um. Se você tiver habilidades com artesanato, pode até arriscar fazer suas runas com metal.

Outra opção é moldar os discos com argila e entalhar cada símbolo com a ajuda de uma chave de fenda ou abridor de cartas.

Ao escolher suas próprias runas, feitas pelas suas próprias mãos, entenda que estará criando uma parte de sua essência, pois quanto mais usá-las, mais elas refletirão sua sabedoria interna.

O vermelho costuma ser a cor mais usada para marcar os símbolos nas pedras ou nos discos de madeira, mas algumas pessoas gostam de usar o preto em pedras mais claras e o dourado nas mais escuras ou na argila. Lembre-se de deixar a vigésima quinta runa em branco dos dois lados.

BASTÕES RÚNICOS

Você pode criar seus bastões rúnicos com gravetos. Eles não precisam ter mais de dez ou doze centímetros de diâmetro e devem ser largos o suficiente para que você consiga entalhar os símbolos neles. É interessante usar árvores rúnicas tradicionais, como o pinheiro, o freixo, o eucalipto ou o teixo, mas qualquer madeira seca e firme servirá. Assegure-se de que todos os gravetos tenham o mesmo tamanho. Raspe a casca da árvore e esculpa os símbolos. Outra opção é usar uma ferramenta, como um canivete, para fazer a marca do símbolo e depois pintá-la de vermelho ou preto.

Os bastões rúnicos são especialmente encantadores quando lançados na clareira de uma floresta, em um círculo feito de folhas e gravetos ou desenhado na terra.

CONSAGRANDO AS RUNAS

Não importa o uso que você fará das runas; seja para feitiços ou rituais de cura, como amuletos de proteção ou talismãs, ou para artes divinatórias, é certo que você precisará consagrá-las após tê-las criado e sempre que for utilizá-las para uma tiragem. Você também deverá consagrá-las quando energizar algum símbolo rúnico com o poder de uma cura mágica específica ou para propósitos talismânicos, caso opte por usá-las como amuleto de proteção. Explicarei as diferenças entre os talismãs e os amuletos no capítulo final deste livro.

Você pode fazer a consagração do primeiro *aett* (grupo de oito runas) separadamente ao posicionar as runas ao redor de uma vela vermelha, invocando, ao acender a chama, o poder e a proteção da deidade nórdica ou poder específico que rege o *aett*. O plural correto seria *aettir*, mas *aetts* talvez soe mais natural para os ouvidos não vikings.

Ao consagrar o primeiro *aett*, por exemplo, que pertence a Freya, você deve dizer: *essas runas são para Freya, Senhora de Toda a Magia, aquela que traz beleza e magia ao mundo.*

Acredita-se que Freya tenha ensinado magia a muitas outras deidades, inclusive Odin.

Na consagração do segundo grupo de oito runas, ou *aett* de Heimdall, você deve dizer: *essas runas são para Heimdall, o Protetor, aquele que oferece proteção contra todos os males e medos.*

Por fim, para consagrar o terceiro *aett*, de Tyr, você deve dizer: *essas runas são para Tyr, o Guerreiro Espiritual e Estrelado, aquele que traz coragem e justiça ao mundo.*

Caso prefira, você também pode consagrar os três *aetts* simultaneamente, acendendo uma vela vermelha no centro do círculo e recitando cada um dos nomes regentes dos três *aetts*.

Se quiser fazer a consagração separadamente, acrescente a vigésima quinta runa (totalmente em branco) no fim do *aett* de Tyr, totalizando nove runas.

É possível realizar essa cerimônia ao ar livre, sobre uma pedra quadrada ou retangular, conhecida no antigo mundo nórdico como *harrow*, ou altar. Se você estiver fazendo a consagração em um ambiente fechado, uma pequena lousa ou uma bandeja retangular de metal são as opções ideais (nesse caso, prefira a cor dourada).

Se deseja energizar uma única runa para magia, cura ou para usá-la como um amuleto, consagre-a para o guardião do *aett* ao qual a runa pertence.

Você também pode usar o martelo de Thor (o deus do trovão, que protegia os deuses dos gigantes de gelo com seu martelo mágico) para a consagração. Basta adquirir um martelo de prata ornamental ou um comum e batê-lo três vezes, delicadamente, na frente do círculo rúnico.

Lembre-se de recitar o seguinte a cada batida do martelo: *eu confeccionei/comprei esta/estas runa/runas e desejo selar seu poder com a proteção do fogo mágico. Que as sábias deidades do passado e todos os poderes da luz protejam, energizem e abençoem o meu trabalho.*

Depois descanse o martelo horizontalmente atrás da vela dentro do círculo rúnico.

Então encare as chamas e diga: *invoco Freya, a Radiante; Heimdall, o Protetor, e Tyr, o Bom, para preencher com fogo cósmico minha(s) runa(s) para que eu possa usá-la(s) com sabedoria e com o propósito certo.*

Então salpique três círculos de sal do lado de fora do círculo rúnico ou ao redor de cada runa.

Use a vela para acender um bastão ou um incenso de sálvia ou pinho, produzindo espirais do lado de fora das runas e dos círculos de sal, repetindo, de forma suave e contínua, nove vezes: *em nome de Odin, o Pai, e em nome de Frigga, a Mãe de Todos Nós, que essas runas sejam abençoadas e sempre utilizadas para o mais elevado propósito e o bem maior.*

Odin era o Deus-Pai de Asgard, a mais elevada ordem de deuses a quem é creditada a descoberta das runas. Frigga era a Deusa-Mãe e profetisa.

Se assim desejar, na primeira vez que consagrar suas runas, segure cada uma delas e passe-as sobre a chama da vela, dizendo: *proteja, energize e traga bençãos em nome de Freya, Heimdall e do sábio Tyr.*

Caso não tenha muito tempo, coloque todas as runas em um prato resistente ao calor e passe-o sobre a chama da vela.

Para finalizar, devolva as runas a seus lugares ao redor da vela ou coloque o prato na frente dela e deixe-o ali até que a vela tenha queimado totalmente.

ONDE GUARDAR SUAS RUNAS

Você deverá guardar seu kit de runas em um saquinho de tecido vermelho e precisará de outro saquinho para carregar consigo uma única runa como amuleto ou talismã.

Um saquinho com cordão é sempre a melhor escolha, pois dessa maneira suas runas não se perderão facilmente. Também é mais fácil para inserir a mão nele — a que você usa para escrever — e sentir as pedras para selecionar as runas com o toque. Mesmo que compre um conjunto pronto, é possível que você deseje confeccionar o próprio saquinho. Afinal, alguns que vêm nos kits são pequenos demais, o que dificulta o processo de colocar a mão e sentir as runas que melhor responderão às suas perguntas, selecionando-as pelo toque psíquico ou psicocinese. Cada vez que aprender o significado de uma runa, guarde-a no saquinho. Quanto mais runas você utilizar para sua seleção diária, um processo que descreverei com mais detalhes no próximo capítulo, mais incrivelmente preditivas elas se tornam.

FAZENDO UM PANO PARA TIRAGEM RÚNICA

Tradicionalmente, a tiragem ou leitura rúnica acontece dentro de um círculo que, em um ambiente fechado, pode ter cerca de cinquenta centímetros de diâmetro e, ao ar livre, pode ter até dois metros de diâmetro, embora algumas pessoas prefiram fazer a tiragem simplesmente atirando as runas ao chão ou sobre uma mesa. Escolha o que lhe parecer melhor após ter experimentado diferentes métodos. Uma alternativa é optar por configurações nas quais as runas sejam cuidadosamente selecionadas em vez de jogadas.

Faça testes até encontrar o tamanho certo de tecido para você. Algumas pessoas gostam de carregar um pano dentro do saquinho de runas, já demarcado com um círculo, para a tiragem em locais nos quais seja complicado traçar o círculo no chão. Outras deixam um pano pronto em um lugar especial dedicado à tiragem rúnica.

Para confeccionar seu próprio pano, em vez de desenhar o círculo em um papel ou visualizá-lo, compre um largo pedaço quadrado de tecido em uma cor clara e desenhe, pinte ou costure um círculo de cerca de cinquenta centímetros de diâmetro, no qual você fará sua tiragem de runas.

Você também pode improvisar em ambientes fechados. Um jeito é utilizar um círculo desenhado com uma vara em uma grande caixa de areia destinada ao trabalho rúnico (lembre-se sempre de refazer o círculo a cada vez que jogar). Também é possível criar um círculo a partir de cristais ou pedregulhos dentro dessa caixa. Faça isso antes de se preparar mentalmente para a tiragem.

Ao ar livre, você pode criar um círculo permanente ou provisório em qualquer lugar que tenha uma superfície onde seja possível desenhar, como uma lousa, na qual pode-se usar giz, ou um jardim, onde é possível usar uma vara para desenhar na areia, na terra ou na neve. Você também pode usar cristais ou pedregulhos na grama. Cristais como ágatas ou pedra jaspe, especialmente em cores rubras ou cor da terra, são especialmente eficazes para traçar um círculo rúnico. Outra opção é apanhar conchas marítimas para desenhar o círculo.

REGISTRANDO SUAS LEITURAS

Ao tirar as runas, você descobrirá que as leituras são como um diário, refletindo eventos importantes ou decisões significativas da sua vida e da vida daqueles para quem você lê as runas regularmente. Mesmo que não leia runas profissionalmente, você sempre encontrará amigos, amigos de amigos ou colegas de trabalho interessados nas suas consultas divinatórias.

Às vezes, é preciso que se passem dias, ou até semanas, para que o pleno significado de uma leitura se torne claro, por isso é muito fácil esquecer os detalhes. Use um fichário para manter um suprimento de círculos desenhados nos quais possa marcar a posição das runas, inclusive as que caírem de face para baixo, o que indica uma questão que ainda esteja para surgir ou que o dono da pergunta ache difícil de enfrentar. Anote a posição em que as runas estão, dispersas ou aglomeradas, pois isso normalmente mostra que, ainda que pareçam desvinculadas, essas questões estão conectadas. Registre, também, quaisquer runas que caiam foram do pano ou do círculo visualizado, que não devem ser lidas. Além disso, registre todas as impressões intuitivas recebidas ao segurar cada uma das runas.

Não se esqueça de anotar a runa que tirar a cada dia, tão logo tenha aprendido o primeiro *aett*. É possível perceber um padrão emergindo que indica áreas da sua vida que necessitam de atenção ou de uma urgente mudança de atitude.

No próximo capítulo, aprenderemos sobre
o primeiro grupo de runas, o *aett* de Freya,
e como selecionar uma runa por dia para
que ela nos guie através da atmosfera e
dos eventos do dia que se segue a ela.

Primeiro *Aett* e a Primeira Tiragem Rúnica

MANUAL PRÁTICO DAS
RUNAS

Neste capítulo, explicarei os significados modernos e ancestrais do primeiro *aett* de runas vikings. O significado de cada uma delas muda, e tudo depende se a face está para cima ou para baixo. Sempre preste atenção na frequência com que cada um deles aparece.

O *AETT* DE FREYA, DEUSA DA BELEZA, DA MAGIA, DA FERTILIDADE E DO AMOR

RUNA 1
Fehu ou Gado, Riqueza Móvel
(dinheiro, posses)

Pontos fortes, símbolo voltado para cima: prosperidade, especialmente por causa dos próprios esforços; segurança financeira; negociações imobiliárias bem-sucedidas; redução de problemas financeiros; boa sorte inesperada.

Desafios, símbolo voltado para baixo: o preço que se deve pagar pela mudança ou pela felicidade.

O significado básico de Fehu é *riqueza*, especialmente no sentido de dinheiro e posses construídas por meio de trabalho duro. O gado era uma riqueza móvel, pois os vikings podiam levá-lo consigo para novas terras. Contudo, o *Antigo Poema Rúnico Nórdico* alerta que [a ganância por] dinheiro pode causar discórdia entre parentes, por isso não devemos ficar obcecados pela ideia de consegui-lo ou guardá-lo à custa do preço da nossa felicidade.

Essa runa costuma aparecer com frequência nas leituras. Tente analisar se ela está relacionada a questões emocionais em vez de financeiras e se o verdadeiro quadro está sendo revelado. Se o lado em branco aparecer na leitura, é possível que haja questões envolvendo divórcio ou herança de família.

O que Fehu Significa?
Indica que o momento é ótimo para especulação imobiliária ou esquemas lucrativos, especialmente se envolver empreitadas distantes do lar (inclusive via internet) e um alívio de suas preocupações financeiras.

Se a runa estiver com o símbolo virado para baixo, pode significar que você precisará abrir mão de sua segurança financeira ou mundana para ter paz de espírito e a liberdade de viver à sua maneira. Uma decisão difícil, mas a alegria futura pode valer o preço, tanto emocional quanto financeiro. Se a mudança não for possível no momento imediato, tente conquistar uma estabilidade financeira para seguir adiante quando for a hora certa.

RUNA 2
Uruz, o Bisão ou Auroque,
A Manada Selvagem

Pontos fortes, símbolo voltado para cima: força; coragem; superação de obstáculos; sucesso em negócios arriscados ou em especulação; melhora de saúde; um avanço repentino quando tudo parece perdido.

Desafios, símbolo voltado para baixo: enfrentamento de adversidades; sentir-se pressionado a seguir um caminho que não deseja.

Os bisões eram bois enormes, selvagens e extremamente ferozes. De acordo com o mito, a runa Uruz era gravada em seus chifres, que depois eram usados para adornar elmos vikings e dar aos guerreiros a força desses animais.

O *Poema Rúnico Nórdico* e o *Poema Rúnico Islandês* falam do aperfeiçoamento do sofrimento através do ferro. Eles afirmam que até mesmo os mais intransponíveis obstáculos podem ser superados com determinação, força e resistência. Às vezes, é preciso seguir adiante, mantendo uma fé cega.

O que Uruz Significa?

Uruz se refere a pessoas ou situações que bloqueiam nossa passagem e nossa capacidade de seguir adiante, seja no trabalho ou no lar. Contudo, às vezes os obstáculos estão dentro de nós, manifestando-se através do medo do fracasso, de não ter inteligência ou dignidade suficiente para tentar. Seja essa resistência interna ou externa, é preciso recuperar a coragem e, se necessário, ser mais persistente ou assertivo que de costume. Lembre-se sempre do estouro da manada.

O lado sem o símbolo, por sua vez, nos diz que talvez estejamos pondo obstáculos no nosso caminho sem percebermos, simplesmente porque não queremos fazer coisas que deveríamos ou que seriam boas para nós. Pergunte-se sobre a possibilidade de estar se sentindo pressionado a realizar mudanças que não deseja. E lembre-se: a escolha e a decisão final são sempre suas.

RUNA 3
***Thurisaz ou Martelo de Thor,
o Deus do Trovão, o Espinho***

Pontos fortes, símbolo voltado para cima: paixão; proteção; superação de desafios, hostilidade ou *bullying*; potência que desafia de forma bem-sucedida um *status quo* antiquado ou corrupto.

Desafios, símbolo voltado para baixo: confidencialidade e conflitos não resolvidos; superproteção; medo de mostrar seu eu verdadeiro e de se arriscar.

Essa é a runa do espinho, associada não só ao espinheiro, uma árvore protetora, como também a Thor, deus do trovão. Nos poemas rúnicos nórdicos e islandeses, Thurisaz é associado aos Thurs, os gigantes de gelo contra os quais Thor protegia Asgard, reino dos deuses, com ajuda de seu martelo mágico. O martelo de Thor também era usado como símbolo sagrado em casamentos, nascimentos e funerais.

O *Poema Rúnico Anglo-Saxão* afirma que o espinho é afiado ao toque, porém oferece proteção à flor ou ao fruto vulnerável em uma árvore ou arbusto. Como o martelo de Thor, ele pode manter longe aqueles que nos querem fazer mal.

O que Thurisaz Significa?
Sempre que Thurisaz aparece, quer dizer que devemos ter calma e firmeza para lidar com toda injustiça e irritação que se aproximar de nós. Isso é melhor que permitir que os agressores continuem incontestes ou que o ressentimento cresça até responder de forma explosiva e inapropriada, virando esse ódio reprimido contra nós mesmos.

Se a runa sair com a face do símbolo voltada para baixo, é sinal para tomar cuidado com rancor e despeito direcionados a você. Mas também indica que você não deve ter medo de mostrar seu verdadeiro eu e arriscar sofrer rejeição, especialmente se já teve seu coração partido. Além disso, mostra que devemos evitar a superproteção de pessoas amadas por termermos por sua segurança física ou bem-estar emocional.

RUNA 4:
Ansuz, ou Odin, um Deus, uma Boca, a "Voz do Universo"

Pontos fortes, símbolo voltado para cima: inspiração; continuidade ou renovação de boa sorte; sucesso em testes, exames ou entrevistas; sucesso em todas as empreitadas literárias ou artísticas; chance de se tornar líder ou de receber uma promoção.

Desafios, símbolo voltado para baixo: autocracia; inflexibilidade; desonestidade; mensagens contraditórias.

Ansuz é a runa de Odin, o Pai de Todos, e também da autoridade e da liderança ou das ações em direção aos próprios sonhos e ambições. Como é a runa da boca, Ansuz favorece a comunicação em todos os níveis, ao dizer, de forma calma, porém firme, o que você realmente precisa e sente, tanto pessoal quanto profissionalmente.

De fato, o *Poema Rúnico Anglo-Saxão* diz que a boca é a origem de todos os discursos e o esteio da sabedoria. Esse é um aviso para que prestemos atenção às nossas palavras e consideremos seu efeito antes de falar de maneira crítica ou raivosa e para que nos certifiquemos de testar a verdade do que está sendo dito ou escrito.

O que Ansuz Significa?

Esta é uma excelente runa para quem trabalha de forma autônoma ou pensa em empreender e se lançar em projetos criativos. Arrisque-se em busca de uma grande oportunidade, de uma promoção ou de suas empreitadas criativas quando o período estiver favorável.

Caso haja conflitos no trabalho ou no lar, diálogo e persuasão são o melhor caminho; não permita que ações impensadas ou emoções descontroladas causem mal-entendidos.

Se a runa estiver com a face do símbolo voltada para baixo, significa que você pode estar preso a um diálogo mal resolvido do passado. Talvez não esteja ouvindo o que as pessoas dizem, especialmente seus entes queridos, por estar distraído com antigas rejeições e decepções.

RUNA 5
Raidho ou a Cavalgada, a Roda do Sol e Roda da Carroça

Pontos fortes, símbolo voltado para cima: jornadas bem-sucedidas; viagens; realocações; tomada de iniciativa; oportunidade a ser aproveitada.

Desafios, símbolo voltado para baixo: espera pelo momento ideal — que pode nunca vir — para agir; inquietude interna que pode levar a mudanças imprudentes no mundo exterior.

Oportunidades à disposição podem significar a saída de sua zona de conforto, mas que leve a realizações e sucesso futuros.

Os antigos poemas rúnicos contrastam a tranquilidade dos guerreiros em seus salões, falando sobre antigas vitórias e batalhas, e o frio do mundo exterior, onde a ação é necessária. Este é o momento de fazermos o que desejamos em vez de dizer coisas como "Se eu pudesse" e "Um dia desses". Esse movimento pode ser uma mudança interna, uma troca importante de trabalho, uma realocação ou mesmo uma viagem a algum lugar que sempre quis visitar. O momento de ir atrás do que você mais deseja é agora.

O que Raidho Significa?
Sempre que essa runa aparece, é sinal de que não podemos ficar sentados esperando que a felicidade ou a riqueza caiam no nosso colo, mas que devemos aproveitar a oportunidade, algo que envolve certo esforço e incerteza. Contudo, podemos traçar nosso próprio curso e decidir nosso próprio destino. Viagens, oportunidades de trabalho, remanejamento e mudanças de casa são coisas que trarão vantagem, embora haja a necessidade de se escolher o caminho mais difícil, porém mais recompensador. Se as coisas estiverem indo mal, essa runa é uma promessa de que tempos melhores virão.

É possível que terceiros não aprovem as mudanças que precisamos fazer, por isso deixe pessoas e situações negativas para trás.

A face sem o símbolo, por outro lado, pode significar que estamos, com a melhor das intenções, vivendo o sonho de outras pessoas (como pais que forçam o próprio filho a seguir um caminho inadequado de forma a satisfazer seus próprios desejos). Se estiver infeliz, assegure-se de que a mudança envolve circunstâncias externas, e não um problema interno.

RUNA 6
Kenaz, ou a Tocha

Pontos fortes, símbolo voltado para cima: atenção à voz interior; criatividade e inspiração para encontrar novas soluções para velhos problemas; concepção de uma criança (especialmente depois de tempos difíceis).

Desafios, símbolo voltado para baixo: intrusões indesejadas; intuição ignorada; aceitar a segunda opção na vida ou no amor; relações românticas ou sexuais imprudentes.

Kenaz é uma das runas do fogo, representando a chama que se acende não só nos grandes salões, mas também nas moradas mais humildes.

É a chama interna que todos possuímos e que, uma vez acesa, pode ser usada para acessar a inspiração interior que nos leva a realizar nosso potencial e seguir nossos sonhos. Todas as runas do fogo dizem respeito a inflamar o amor e a paixão pela vida, além de expressar nossas qualidades únicas da maneira que escolhemos.

O que Kenaz Significa?
Essa runa indica que, se você está indeciso entre duas opções ou o caminho não está claro, há um terceiro caminho que não foi considerado e que em algum momento vai aparecer.

Ouça sua intuição e sua voz interior, pois elas são a maior guia sobre a intenção de terceiros e são ótimas em nos informar sobre o que realmente desejamos e sentimos. Você descobrirá que, se deixar as dúvidas de lado, terá uma chance de realizar um sonho há muito esperado.

O amor pode estar a caminho ou, se você já estiver em um relacionamento, pode ser que ocorra uma renovação das paixões caso as coisas tenham se acomodado demais. A runa Kenaz também promete a resolução repentina de um problema de longa data.

Se a runa sair com a face do símbolo voltada para baixo, pode ser um alerta sobre sempre aceitar a segunda opção na vida ou no amor. Só nos arrependemos do que nunca fizemos, porém evite tentações insensatas se você estiver em um bom relacionamento, ainda que ele lhe pareça morno; tente reviver o que já tem.

RUNA 7
Gebo ou o Presente

Pontos fortes, símbolo voltado para cima: alegria nos relacionamentos — especialmente no que diz respeito à fidelidade ou a questões de compromisso —; casamento; generosidade; todas as questões envolvendo trocas justas (inclusive contratos); uma benção ou um bônus inesperado; um nascimento na família.

Desafios, símbolo voltado para baixo: avareza; falta de comprometimento com outros; dedicação grande a quem não é digno de tal atitude, especialmente no amor e no seio familiar.

Gebo é a runa da generosidade, não só em termos materiais, mas também nos quesitos tempo e recursos, no compartilhamento de informações, em projetos bem-sucedidos em grupo ou em empreitadas familiares. Ela é a runa do compromisso emocional ou sexual, de um casamento feliz, da fidelidade e alegria crescentes em relacionamentos existentes, dos encontros e celebrações familiares, da busca e do recebimento mútuo de respeito dentro de todas as interações e do aumento progressivo de confiança. É um ótimo momento para receber bônus em dinheiro, descontos, presentes e heranças (por motivos felizes).

O que Gebo Significa?
Se você for uma pessoa naturalmente generosa, a runa Gebo serve para lembrar que talvez esse seja o momento de pedir ajuda a terceiros se estiver se sentindo sobrecarregado. É importante permitir que os outros nos ajudem, pois às vezes as pessoas guardam ressentimento caso não aceitemos seus presentes e contribuições com gratidão.

Quando a runa sair com o lado do símbolo voltado para baixo, pode significar que você se doa demais e por isso as pessoas não te valorizam, especialmente a família, os amigos e os colegas de trabalho, que esperam que você sempre faça muito mais do que te cabe ou lhe pedem dinheiro e nunca pagam de volta. Será que, para se sentir querido, você não está permitindo, inconscientemente, que as pessoas tomem de você tudo que desejam? Como pode cuidar de si mesmo assim, especialmente se você costuma se apaixonar por pessoas que o decepcionam, usam, abusam e depois o abandonam?

RUNA 8
Wunjo ou Alegria

Pontos fortes, símbolo voltado para cima: felicidade individual; alegria; desenvolvimento de interesses pessoais; busca de reconhecimento do seu valor; demarcação de limites contra aqueles que tentam dominar sua vida; independência; férias felizes desfrutadas a sós.

Desafios, símbolo voltado para baixo: tentativa de agradar todo mundo; permitir que outras pessoas o atinjam, egoísmo.

A runa Wunjo representa a felicidade através do desenvolvimento da autoconfiança e da autoestima, mais por meio do esforço próprio do que por terceiros. Ela representa a demarcação de um eu único e separado, mesmo que você esteja em um relacionamento feliz.

Essa runa aparece somente no *Poema Rúnico Anglo-Saxão*, que fala de alguém "que conhece pouco" ou "quase nenhum" problema. A segunda tradução faz mais sentido, pois sugere que aqueles que têm experienciado dificuldades devem saber a importância de reconhecer a felicidade autogerada cotidiana sempre que ela aparece.

O que Wunjo Significa?

Quando essa runa aparece, ela sugere que você deve se perguntar sobre o que lhe faria feliz e realizado nesse momento, em vez de se concentrar em fazer outras pessoas felizes ou de esperar que a vida traga recompensas e o faça feliz assim.

Somente sendo felizes com nós mesmos podemos dar felicidade a outras pessoas. Assim, descubra novos interesses e desista daqueles que se tornaram obrigações. Desenvolva seus dons e transforme sua carreira profissional naquilo que *você* quer. Recompensas e dividendos envolvendo investimentos passados, e também muito trabalho duro, se manifestarão dentro de seis meses após a tiragem das runas. Como Ansuz, Wunjo indica uma carreira empreendedora de sucesso e a possibilidade de trabalhar como autônomo dentro de uma organização.

Se a runa aparecer com o símbolo voltado para baixo, indica que sua identidade pode ter se tornado nebulosa. Talvez você queira seguir adiante e passar mais tempo sozinho, tirar férias ou tomar uma atitude mais permanente. Será que o medo de ficar só o está impedindo de buscar aquilo que deseja? Se estiver tentando agradar todo mundo, agindo como se fosse o juiz da família, do ambiente de trabalho, ou se metendo em brigas no meio social, dê alguns passos para trás.

RUNA DO DIA

Após ter confeccionado e lido sobre essas primeiras oito runas, você pode colocá-las dentro do seu saquinho. Todas as manhãs, tire uma sem olhar. Mesmo que ainda não tenha o conjunto completo de runas, esse primeiro *aett* te dará uma ideia das energias presentes no dia.

Preste atenção: se a mesma runa aparecer duas ou três vezes em uma mesma semana, indica que ali há uma questão que realmente precisa ser resolvida.

Lembre-se de registrar se a runa diária aparece com o símbolo voltado para cima ou para baixo, pois isso sugere quais pontos fortes e qualidades serão de maior ajuda para superar os desafios que você esteja enfrentando. Para inspirá-lo, leve sua runa consigo para o trabalho ou a mantenha sempre próxima de você, a fim de absorver seu poder ou a proteção inerente presente naquele símbolo. Acorde dez minutos antes do seu horário normal para segurar a runa do dia e permitir que imagens, palavras e impressões se formem na sua mente. Se a manhã estiver sombria, acenda uma vela branca.

No próximo capítulo, aprenderemos diferentes tiragens de runas.

Tiragem e Interpretação Rúnica: Métodos Básicos

MANUAL PRÁTICO DAS
RUNAS

A TIRAGEM DE RUNAS ACONTECE TRADICIONAL-mente ao pôr ou ao nascer do sol, mas você pode trabalhar com elas a qualquer momento. O termo "tiragem" diz respeito ao ato de jogar as runas dentro de um círculo, físico ou visualizado, em vez de selecioná-las em um formato preordenado. Para começar, use o primeiro *aett* em uma tiragem de três runas. Contudo, tão logo termine de estudar sobre os dois *aetts* posteriores, releia este capítulo. Ele contém tudo de que você precisa saber sobre tiragem rúnica.

TIRANDO AS RUNAS

À noite, acenda quatro velas em fileira, alternando-as entre as cores vermelha e branca, atrás da área escolhida para a tiragem das runas. Queime um incenso.

Se for realizar a tiragem ao ar livre, tente encontrar um local onde haja árvores e arbustos a fim de ter privacidade. Embora possa fazer a tiragem em qualquer lugar, quanto mais trabalhar em um espaço específico, seja ele ao ar livre ou não, mais poderosas serão as energias rúnicas acumuladas no local. Se o tempo estiver bom, tirar runas ao livre é algo duplamente mágico. Saiba que é possível ler as runas com precisão tanto para si quanto para terceiros.

Preparando-se Para a Tiragem
Formular uma pergunta inicial ou pensar em uma área específica da sua vida antes da tiragem é sempre uma boa ideia, mesmo que ela mostre não ser a questão subjacente durante a tiragem.

Se for criar um círculo rúnico temporário, confeccione-o enquanto estiver pensando nas suas perguntas ou na área específica da sua vida. Caso esteja realizando a leitura para outra pessoa, peça que ela segure o saquinho de runas e verbalize as perguntas enquanto você traça o círculo.

Por outro lado, se estiver criando um círculo mais complexo — feito de conchas, cristais ou pedras, por exemplo —, peça ao consulente que o ajude, empoderando o círculo com ambas as psiques reunidas.

Algumas pessoas podem não querer um círculo físico, por isso optam apenas pela visualização dele antes da tiragem de runas.

A Tiragem
Ajoelhe-se ou sente-se a cerca de cinquenta centímetros de distância do pano ou do círculo rúnico, independentemente de estar ao ar livre ou não.

Permita que sua mente se esvazie durante a tiragem, em vez de mentalizar as perguntas novamente.

Retire três bastões ou discos rúnicos da sacola, selecionando os que te parecem *certos*, apenas com ajuda do toque. Leve o tempo que precisar.

Segure as runas com a mão que usa para escrever (às vezes chamada de mão dominante) e atire as escolhidas para dentro do círculo. Você pode jogar uma de cada vez ou as três ao mesmo tempo.

Se a questão for complexa ou muito urgente, é possível fazer leituras compostas de seis ou nove runas, todas selecionadas da mesma maneira. Nesse caso, tire dois ou três punhados de três no total, fazendo a tiragem de cada trio no círculo, um de cada vez. Novamente, escolha apenas uma runa por vez ou três juntas, somente após você ou a pessoa para quem está lendo tê-las selecionado do saquinho. Use o tempo que for necessário para escolher seu(s) triplo(s).

Para receber uma resposta mais direta ou se não tiver tempo suficiente para uma tiragem mais longa, três runas, das vinte e cinco que compõem o kit, costumam ser suficientes.

Interpretando as Runas

Independentemente de ter tirado três, seis ou nove runas, o método de interpretação é sempre o mesmo.

Leia as runas na ordem em que foram escolhidas (inclusive as que saírem com o símbolo voltado para baixo) e decida-se, intuitivamente, sobre qual é a primeira runa-chave. Se estiver tirando para alguém, peça à pessoa que escolha. Continue dessa forma até que todas tenham sido lidas.

As runas posicionadas mais ao centro do círculo, real ou visualizado, costumam ter relação com questões nucleares ou se referem ao eu essencial ou ao mundo interno do autor da pergunta.

Quanto mais distante do centro estiver a runa, mais outras pessoas ou outras circunstâncias estão interferindo na questão.

As runas que saem do círculo, por sua vez, na área que chamamos de *Isa*, ou Gelo (uma runa que você aprenderá depois), sugerem um período de espera maior na sua vida antes que sua influência seja sentida ou que as mudanças previstas causem algum efeito. Isso não quer dizer necessariamente que há uma estagnação, mas que as sementes que se transformarão no futuro já foram plantadas. Contudo, se *todas* as runas caírem fora do círculo, preste atenção aos significados, devolva-as ao saquinho e tire-as novamente, até que pelo menos uma fique dentro do círculo. Se acontecer o mesmo durante três tiragens seguidas, deixe a leitura para o dia seguinte.

Depois, preste atenção à quantidade de runas com os símbolos voltados para cima ou para baixo. Mais símbolos à mostra indicam que a questão está pronta para ser resolvida ou é muito óbvia, enquanto as pedras com o lado vazio sugerem a dominância de muitos fatores ocultos.

Preste atenção também à posição das runas em relação às outras. Se estiverem amontoadas, estão conectadas. Se caírem uma em cima da outra, é sinal de que uma runa dominante está anulando ou obscurecendo as outras. Isso se tornará mais claro de acordo com a quantidade de tiragens, mas mesmo se três runas caírem em partes diferentes do círculo, isso pode indicar diversas questões não relacionadas ou que o autor do questionamento está, como as runas, se sentindo fragmentado ou dividido entre diferentes caminhos por conta de outras pessoas.

Em seguida, segure cada runa na ordem em que foram tiradas ou na ordem que o autor da pergunta escolher interpretá-las e permita que surjam informações intuitivas. Elas podem se apresentar por meio de imagens, impressões ou palavras que inundam a mente.

Quanto às runas com a face do símbolo virada para baixo, segure-as por um pouco mais de tempo e visualize-se limpando aquela nebulosidade, a fim de que o fator implícito possa formar, espontaneamente, imagens ou impressões. Somente então aplique o significado comum da runa às ideias aprendidas e veja onde a informação se encaixa nessa figura.

Caso esteja lendo para alguém que você sente que pode precisar de uma contribuição, peça a ele que segure cada runa imediatamente depois de você; dessa forma, a pessoa acrescentará suas próprias impressões psíquicas sobre ela; afinal, mesmo aqueles que nunca participaram de uma leitura rúnica serão capazes de dizer algo relacionado à atual situação ou à decisão futura que buscam, uma vez que você explique o significado básico de cada runa.

Finalmente junte o significado de todas as runas, criando uma história ou desenhando os símbolos em um papel e conectando-os por meio de linhas, como uma teia de aranha. Permita que sua intuição guie o caminho.

Por fim, devolva cada runa ao seu lugar no círculo após a interpretação individual ou mude-as de posição deliberadamente. Se uma runa cobrir outra, por exemplo, e você não desejar mais esse tipo de dominação na sua vida, a visão desta runa pode ser uma forma de tomar uma decisão definitiva.

Você pode optar por registrar essas leituras com diagramas rápidos que ilustrem as ações tomadas e seus possíveis resultados.

O Lado Vazio da Runa

Quando a runa cai com o símbolo voltado para baixo, especialmente se ocorre com frequência, talvez isso tenha relação com algo oculto ou que você não possa trazer à sua vida agora. Pergunte a você ou ao autor da pergunta se essa reação é válida e, se não for, o que o está impedindo. Talvez simplesmente não seja a melhor hora para mudanças. Talvez outras pessoas e outras circunstâncias estejam te segurando e você precise agir de maneira decisiva, arriscando sofrer alguma desaprovação em troca da própria liberdade (procure pela runa Fehu, o preço que precisa pagar, na leitura). Por outro lado, é possível que você descubra que se colocou em um caminho que sabe que não deseja.

Quando se sentir pronto, devolva a runa à posição em que estava e pense no que ela significaria na sua vida se estivesse virada. Talvez você deseje mantê-la intocada se não estiver se sentindo pronto para encarar alguma questão específica.

UM MÉTODO ALTERNATIVO DE TIRAGEM DE RUNAS

Este método funciona muito bem com runas de bastões de madeira, especialmente se você estiver ao ar livre. No entanto, você também pode utilizá-lo com runas redondas e menores. Ele funciona melhor com as 25 runas, mas você pode usá-lo só com o primeiro *aett*. Crie seu círculo e guarde as runas em um recipiente com tampa.

Ajoelhe-se ou sente-se a cerca de um metro de distância do círculo. Se estiver ao ar livre e usando bastões, pode traçar ou visualizar um círculo de até dois metros de diâmetro para essa tiragem específica.

Remova a tampa do recipiente e agite-o na direção do pano, permitindo que os bastões caiam dentro do círculo ou então segure todos eles entre suas mãos fechadas, arremessando-os para fora ou para o alto e para dentro do círculo. Outra alternativa é ajoelhar-se perto da borda do círculo e agitar vigorosamente o recipiente. Se as runas caírem fora do círculo, é porque deveriam cair, independentemente do método. Ignore todas as runas que caírem fora do círculo, mesmo que estejam sobre o pano.

Leia somente as que estiverem com o símbolo voltado para cima, e se todas elas saírem com a face voltada para baixo, deixe a leitura para um outro dia.

Tiragem de Três Runas

Usarei um exemplo de tiragem no qual três runas foram jogadas para responder a uma pergunta, utilizando o primeiro método descrito neste capítulo. Com uma tiragem de três, se a resposta não for suficientemente clara, ainda é possível acrescentar mais três ou seis runas adicionais, o que consistiria em uma tiragem de seis ou nove.

Joanne segue uma carreira de sucesso no banco, mas deseja se mudar para o interior e viver no chalé que sua falecida tia deixou de herança para ela e que tem um jardim magnífico. Como a tia,

Joanne se interessa por fitoterapia e acredita poder criar uma série de produtos de beleza ou de cura que podem se transformar em um novo negócio.

Todavia, Gary, seu namorado, está contra o plano. Ele quer comprar um apartamento na cidade próxima ao banco onde ambos trabalham, embora ele também consiga se deslocar facilmente do chalé até lá.

Uma das primeiras runas que Joanne tira é Fehu, a prosperidade, que envolve segurança — especialmente no que diz respeito a propriedades — e habilidades de locomoção. Na sequência, ela tira Uruz, que está com a face do símbolo voltada para baixo e indica pressão indevida relacionada à não realização de seus sonhos. A terceira runa, por sua vez, é Raidho, indicando que esse futuro é arriscado, mas muito recompensador, e não deve ser adiado.

Fehu representa a segurança futura de Joanne; o chalé está no nome dela, e Gary parece ser muito controlador com questões financeiras. Ela receia que, se começarem uma família, ele seja pouco generoso caso ela opte por não trabalhar fora. E, para ela, aquele seria o lugar ideal para criar os filhos e se sustentar de forma autônoma.

Já que Fehu está próxima ao centro do círculo, conclui-se que é uma runa-chave. Curiosamente, assim que Joanne a segurou, ela se sentiu atraída pelo lado vazio, o preço que deveria pagar por abrir mão do seu sonho e da sua carreira fitoterápica ou por encarar a desaprovação de Gary, que insiste sobre o quanto ter um apartamento na cidade valorizará seus bens. Portanto há várias questões borbulhando sob a superfície.

Justamente porque Fehu está tão próxima do centro do círculo, Joanne sabe que sua decisão é vital para sua felicidade e que, se não seguir seu sonho, perderá uma parte de si mesma.

Uruz, por sua vez, a runa do obstáculo, revela os temores que ela tem sobre a possibilidade de Gary deixá-la, algo que ele já deixou muito claro. Esse aspecto oculto da runa sugere que a questão pode ser mais profunda do que parece, e que o que está em jogo é todo o seu futuro com um homem que ela ama, mas que sempre coloca seus planos e necessidades à frente dela.

Joanne me explicou sobre o quanto se sentia culpada, pois seu falecido pai fora um gerente de banco e a família esperava que ela, como filha única, seguisse os passos dele. Contudo ela odiava seu trabalho. Além disso, sentia que estava em um relacionamento com Gary apenas porque ele se assemelhava a seu pai, enquanto se sentia obrigada a se encaixar nas expectativas da família, algo que coincidia com os sonhos do namorado. Joanne e a tia eram as ovelhas desgarradas da família, por isso sentia que a tia — que, aliás, detestava Gary — estava oferecendo a ela uma saída ou uma chance a ele, a fim de que ele provasse seu amor.

Raidho, a runa da jornada difícil ou da mudança envolvendo dificuldade ou trabalho duro, está mais próxima da borda do círculo. Joanne sabe que sua própria família fará objeções a seus planos de manter o chalé e que veem Gary como um ótimo parceiro para ela. Também sabe que seus planos podem ser considerados arriscados, mas ela se sente estagnada no momento, por isso gostaria de enveredar pela opção mais empolgante.

No fim das contas, Gary se recusou a acompanhá-la e, em uma velocidade alarmante, já estava namorando outra gerente do banco. Pela primeira vez em muito tempo, Joanne se sente feliz e livre. Ela, inclusive, conheceu um jardineiro que compartilha da mesma paixão por plantas.

No próximo capítulo, você será apresentado
ao segundo *aett*, o de Heimdall, o Protetor.

4

O Segundo *Aett*: As Runas de Heimdall

MANUAL PRÁTICO DAS
RUNAS

A ESSA ALTURA, VOCÊ PROVAVELMENTE JÁ ESTÁ familiarizado com a tiragem de runas. Por isso, acrescentaremos o próximo *aett* às suas leituras para que elas se aprofundem e se tornem mais focadas. Lembre-se de que, sempre que aprender sobre uma nova runa, você deve guardá-la no saquinho rúnico.

Após aprender este segundo *aett*, é possível fazer tiragens de seis ou nove runas, usando o método sugerido no capítulo anterior.

MAIS SOBRE A RUNA DO DIA

Se você tirar uma mesma runa repetidas vezes no mesmo dia da semana ou do mês, tente descobrir o que está acontecendo. Será que você precisa interagir com algum parente específico nesses dia? Algum supervisor intimidante decide fazer uma visita no seu ambiente de trabalho? Mude de tática se não puder evitar uma determinada pessoa ou questão.

O *AETT* DE HEIMDALL OU HAGALAZ

Hagalaz, o nome da primeira runa deste grupo, representa o granizo. O segundo *aett* recebe o nome do protetor Heimdall, guardião dos deuses, aquele que manteve vigília sobre a ponte do arco-íris entre Asgard (o reino dos deuses) e Midgard (o reino dos mortais).

HAGALAZ:
Granizo ou a Semente de Gelo

Pontos fortes, símbolo voltado para cima: interrupção temporária ou mudança indesejada que possa trazer uma transformação positiva; curto período de dificuldades em troca de ganhos duradouros.

Desafios, símbolo voltado para baixo: alienação social; isolamento; sofrimento por se permitir a opressão de terceiros.

Hagalaz é uma runa do Gelo, e o Gelo é o quinto elemento da cosmologia nórdica, assim como Terra, Ar, Água e Fogo. A semente de gelo cósmica se fundiu com o fogo para criar todas as coisas.

Nos *Poemas Rúnicos*, o granizo é chamado de grão branco, é reminiscente da colheita e, embora seja afiado demais para se tocar, derrete ao liberar a água necessária para a vida e o crescimento da terra.

Sendo assim, essa runa não é uma previsão de desastres, mas indica quando uma crise, interrupção ou contratempo que você já tenha experienciado, ou que está presente na sua vida agora, pode ser usado de forma dinâmica para possibilitar o crescimento pessoal em uma direção nova e mais frutífera.

O que Hagalaz Significa?

É preciso causar algum transtorno se quisermos enfrentar uma situação injusta ou insatisfatória. Em igual medida, se nos permitirmos seguir o fluxo do destino, que nos impele para além de nossas zonas de conforto, dentro de alguns meses, ou mesmo semanas, recompensas positivas surgirão. Esse é um ótimo período para abandonar um hábito ruim ou superar um medo ou uma fobia.

O lado vazio da runa indica que talvez estejamos sofrendo desnecessariamente com rancores insignificantes ou críticas injustas, seja no trabalho ou nas nossas relações interpessoais. Recuse-se a ser tratado como cidadão de segunda classe. Você vale muito, por isso use a lógica do elemento ar, o transportador do granizo, para romper toda oposição e calúnia no seu caminho.

NAUTHIZ:
o Fogo do Festival, Nossas Necessidades

Pontos fortes, símbolo voltado para cima: motivo de celebração; autoconfiança; sucesso alcançado por meio dos próprios esforços; reconhecimento e satisfação das próprias necessidades; reavivamento da paixão; paixão nova durante uma situação difícil.

Desafios, símbolo voltado para baixo: satisfação das necessidades de terceiros à sua própria custa; codependência; excesso de possessividade de outras pessoas em relação a você.

Nauthiz, uma runa do fogo, representa o eixo de madeira que se incendeia por fricção, iniciando o fogo do festival. As fogueiras cerimoniais eram alimentadas em mudanças sazonais específicas. Elas representam nossas necessidades pessoais e desejos, portanto essa é uma runa de independência. Nauthiz também pode ser associada à magia do amor.

O que Nauthiz Significa?
Se existe algo que precisa ser feito, mas que você talvez tenha deixado de lado, é o momento de fazer acontecer, mesmo sem ajuda de ninguém. Esse é um excelente presságio para todos os empreendimentos e iniciativas de trabalho autônomo, especialmente se houver muito trabalho duro envolvido em um primeiro momento.

O lado vazio da runa indica excesso de confiança em outras pessoas, ou de envolvimento de familiares ou amigos na vida do autor da pergunta. Também pode significar que um amor que você não pode revelar precisa que você exija mais ou arrisque tudo, caso contrário a chama se apagará.

ISA:
Gelo

Pontos fortes, símbolo voltado para cima: necessidade de seguir lentamente adiante; reconciliação com a família ou um par amoroso; precaução sensata e um progresso lento em preparação.

Desafios, símbolo voltado para baixo: sensação de aprisionamento em uma situação ou um relacionamento; de ser colocado na injusta posição de bode expiatório de fracassos familiares ou maritais.

Isa é mais uma runa do gelo e, assim como Hagalaz, tem relação com o quinto elemento da tradição nórdica.

Os *Poemas Rúnicos* narram sobre a beleza gélida de Isa. O *Poema Rúnico Nórdico* a retrata como uma ponte entre dimensões que precisa ser negociada com cuidado por aqueles que talvez estejam cegos pelo medo de seguir adiante. Contudo, ela deve ser cruzada antes de o gelo derreter e de a chance desaparecer.

O que Isa Significa?
Independentemente de estarmos congelados pela passividade ou de as circunstâncias nos impedirem de seguir adiante, este é um ótimo momento para começar novas negociações, fazer tentativas de reconciliação com pessoas difíceis ou teimosas e dar os primeiros passos na direção de uma mudança futura. Isa é um bom presságio para o início de uma nova carreira.

Se o lado vazio estiver virado para cima, examine quem ou o que pode estar te impedindo de fazer o que precisa. Talvez o momento não seja propício ou você esteja incerto quanto ao primeiro passo. Nesse caso, talvez seja melhor esperar e deixar que o gelo derreta no tempo dele. Mas não aceite ser culpado de forma injustificada pela teimosia ou negatividade de terceiros.

JERA:
a Colheita

Pontos fortes, símbolo voltado para cima: ótimos resultados de esforços anteriores; fertilidade em todos os sentidos — incluindo a concepção de uma criança —; um bônus, uma recompensa merecida ou promoção.

Desafios, símbolo voltado para baixo: recusa em aprender com erros antigos e superar situações que claramente nunca funcionarão (estar apaixonado pela pessoa errada e continuar insistindo no relacionamento, por exemplo).

Jera é a runa do ano profícuo, da boa colheita, oriunda de sementes bem plantadas e muito bem-cuidadas. Os *Poemas Rúnicos* contam a história de Frey, deus da fertilidade e da colheita, que permite aos campos que floresçam e espalhem abundância para todos. Porém, é claro, isso envolve trato com a terra, desenvolvimento, nutrição e perseverança relativa a planos de longo prazo, em vez de contar com um resultado instantâneo.

O que Jera Significa?
Jera diz respeito a talentos que a pessoa tenha praticado e refinado. Ela também representa uma promoção merecida e o reconhecimento de seus esforços, receber certa quantia de dinheiro, ter sucesso em questões legais, fertilidade ou boa sorte.

Essa runa também é um lembrete de que há uma hora certa para tudo na vida. Ela representa ação, espera, o início de novas empreitadas e o ato de seguir adiante para a próxima fase.

O lado vazio da runa indica a necessidade de uma abordagem realista caso você esteja desperdiçando sua vida com alguém que abusa constantemente de sua boa natureza ou que nunca irá se comprometer totalmente com você. Se não conseguirmos extrair aprendizado de cada estágio de nossas vidas, a grande roda cíclica se tornará uma esteira de repetição dos mesmos erros.

Se os seus relacionamentos ou empregos costumam terminar sempre do mesmo jeito, pode ser importante se perguntar sobre o porquê e ver se precisa mudar suas reações ou expectativas.

EIHWAZ:
o Teixo

Pontos fortes, símbolo voltado para cima: lealdade no amor e na amizade; percepção do valor das coisas duradouras; novos começos; utilização dos recursos já disponíveis em vez de perder tempo com arrependimentos.

Desafios, símbolo voltado para baixo: risco de jogar fora o que é de valor por estar muito empolgado ou por uma oferta que parece boa demais para ser verdade.

Por ser a árvore mais longeva de todas, o teixo foi adotado pelos povos nórdicos como símbolo de longevidade, tradição e vida eterna. No *Poema Rúnico Nórdico*, é chamado de "a madeira mais verde do inverno", uma promessa permanente de vida e esperança, mesmo na estação morta do inverno.

Por essa razão, Eihwaz também está presente no *Poema Rúnico Islandês*, associada a um arco feito de teixo, símbolo de uma nova vida que surge do que é velho, remodelando o que já existe, mesmo que não seja o ideal ou o planejado.

O que Eihwaz Significa?
Como a carta da morte no tarô, essa runa nunca prevê a morte propriamente dita, mas sim o fim, muitas vezes indesejado e inevitável, de uma situação ou fase da vida. Um novo mundo está à espera, mas não pode surgir até que você tenha terminado seus negócios pendentes, até que tenha se despedido deles, física ou emocionalmente, e tenha se permitido viver o luto.

Valorize-se e dedique-se mais a amigos leais, família e parceiros. Qualquer treinamento ou curso a longo prazo é bastante favorável. Escute os conselhos de pessoas mais velhas ou especialistas.

Se o lado vazio da runa aparecer, não se sinta tentado a encontrar uma solução rápida ou trocar amigos antigos por novos; evite principalmente qualquer tipo de flerte se seu relacionamento estiver enfrentando uma fase ruim. Se estiver de luto, permita-se expressar emoções negativas em vez de reprimi-las. Liberte-se das vozes ecoando na sua cabeça.

PERTHRO:
a Taça da Aposta

Pontos fortes, símbolo voltado para cima: boa sorte inesperada por arriscar algo novo; ressurgimento da essência interior; surgimento de coisas que são verdadeiramente importantes para você; defesa daquilo em que acredita.

Desafios, símbolo voltado para baixo: deixar tudo ao acaso; acreditar que é incapaz de mudar uma situação e que, portanto, não deveria tentar, arriscar-se e especular excessivamente.

Perthro é a runa do destino, ou da taça, na qual os antigos guerreiros testavam sua sorte. Os antigos *Poemas Rúnicos* relatam jogos e gargalhadas no salão de bebidas, onde as apostas e a tiragem de runas às vezes ocorriam de forma simultânea em um processo divertido.

Ao testarem a própria sorte, através das apostas e das tiragens, os guerreiros acreditavam estar acessando o desejo das deidades em relação a batalhas, explorações ou até mesmo decisões pessoais. Ao mesmo tempo, o apostador ou vidente deveria agir da forma apropriada para aumentar ao máximo a boa sorte e evitar possíveis armadilhas. Ao fazer isso, descobriam a resiliência do eu verdadeiro, com seus pontos fortes, fraquezas, vícios e virtudes.

O que Perthro Significa?
Essa runa indica que você logo descobrirá um segredo ou informação desconhecida que trará a você uma enorme vantagem. Valorize a essência de seu verdadeiro eu e mantenha-se firme aos próprios princípios em vez de tentar se encaixar nas expectativas de terceiros, independentemente da pressão ou do incentivo para isso. Já que é um período de sorte, arrisque-se. Experimente algo novo ou desenvolva um talento no qual sempre quis apostar, mas nunca ousou. Perthro significa que as energias na sua vida estão dispostas a expressar e transformar seus desejos secretos, fantasias ou sonhos em realidade. Essa runa pede que você se valorize, pois não pode ser mais e nem menos do que já é. Ao ser verdadeiro consigo mesmo, você encontrará uma nova e recompensadora forma de felicidade, que depende unicamente de seus próprios esforços e talentos.

Se o lado vazio estiver voltado para cima, pode significar que você está dependendo demais da sorte, especialmente no campo financeiro. Se o destino lhe deu uma mão ruim no carteado, a forma como você agir ou reagir a isso pode fazer toda a diferença. Mesmo assim, não aceite que terceiros o culpem só para descarregarem em você o peso de suas próprias inaptidões.

ELHAZ OU ALGIZ:
o Alce ou a Urtiga

Pontos fortes, símbolo voltado para cima: encarar as dificuldades e resolvê-las de primeira; altruísmo; crescer cada vez mais com suas conquistas e batalhar para a realização dos seus sonhos; bons prospectos de carreira, especialmente após um período de desemprego ou de ameaças à subsistência.

Desafios, símbolo voltado para baixo: buscar uma saída fácil para os problemas ou negar a existência deles; escolher sempre o caminho mais fácil; não enxergar além da situação imediata.

A runa Elhaz tem múltiplos significados. No *Poema Rúnico Anglo-Saxão*, o único a mencioná-la, ela é interpretada como uma zostera, uma planta encontrada em pântanos que "fere severamente... qualquer homem que tentar tocá-la". Essa grama afiada representa a urtiga, difícil de segurar, mas que, uma vez arrancada, pode ser usada como palha de telhado, para alimentar o fogo e como forração para os animais.

O formato dessa runa representa outra tradução para a palavra, os chifres do alce, que podem ser usados tanto para ataque quanto para defesa. Ela também indica a presença de recursos disponíveis para ações poderosas e altruísticas.

Acima de tudo, Elhaz tem a ver com uma versão mais elevada do eu espiritual e a necessidade de desenvolver uma natureza espiritual ao mesmo tempo em que se vive no mundo real.

O que Elhaz Significa?

Essa runa indica que é preciso aproveitar as oportunidades ou tomar uma decisão, mesmo que seja difícil ou dolorosa, a fim de abrir caminho para um futuro muito positivo. Isso pode representar a liberdade de suas limitações ou um novo rumo para a vida. De forma alternativa, Elhaz pode aparecer se você estiver pensando em estudar artes de cura, espirituais ou terapêuticas, e até mesmo se estiver considerando adotar um estilo de vida mais simples e significativo.

Se o lado vazio aparecer, é preciso reconhecer que seus problemas não irão embora, portanto negar a existência deles é simplesmente armazenar mais problemas para o futuro.

SOWILO:
o Sol

Pontos fortes, símbolo voltado para cima: autoconfiança; saúde; felicidade; viagens; sucesso na carreira; fama e fortuna.

Desafios, símbolo voltado para baixo: ênfase demais a conquistas mundanas; esgotamento físico, emocional ou espiritual.

Sowilo é a terceira runa do fogo, depois de Kenaz e Nauthiz. É a runa do sol — ou roda solar — destruindo o gelo do inverno, fazendo as plantações vicejarem e guiando os navegantes. No mundo nórdico, onde o sol era tão precioso, essa runa é a mais afortunada de todas. Ela é encontrada no *Antigo Poema Rúnico Nórdico* como "luz das terras", enquanto no *Poema Rúnico Islandês* é tida como "perpétua destruidora do gelo" e "esperança e guia dos navegantes", guia de todos aqueles que acreditam em si e buscam aventuras. Entretanto, acima de tudo, ela indica o surgimento de nosso sol particular, de nosso potencial para conquistas e felicidade.

O que Sowilo Significa?

Essa runa significa que o ano que se segue será cheio de sucesso e boa sorte, bom para a realização da maioria dos projetos e ambições, perfeito para viagens e aquisição de propriedades. Ela também representa fama e fortuna, por isso você deveria investir nas artes performáticas, criativas ou literárias. Acredite no seu talento!

Se o lado vazio da runa aparecer, talvez você esteja trabalhando demais e, por essa razão, sua qualidade de vida e a dos seus relacionamentos está sofrendo. Dê uma desacelerada por um tempo, tire férias relaxantes ou passe um tempo em contato com a natureza.

Lembre-se de que, durante a tiragem de runas, você passará a notar padrões nas peças escolhidas, mesmo que só esteja jogando com essas duas primeiras famílias. Por exemplo, considere a mistura das runas de gelo — como Hagalaz, o granizo, e Isa, o gelo — com as runas de fogo — como Nauthiz, o fogo do festival, e Kenaz, a tocha que ilumina a escuridão. Se você vir essa combinação, então saberá que deve unir pessoas ou situações opostas a fim de achar o equilíbrio. Se você se sentir bloqueado durante a interpretação, feche os olhos e imagine, por exemplo, as chamas de uma fogueira ascendendo aos céus durante um festival, ou uma ponte de gelo que une dois pedaços de terra e deve ser cruzada com o máximo de cuidado. As runas representam forças e sentimentos verdadeiros que são tão poderosos nos dias de hoje quanto foram no passado, na época em que foram criadas.

No próximo capítulo, exploraremos o último *aett*: o *aett* de Tyr, o nobre deus do combate e da justiça.

O Terceiro *Aett*:
As Runas de Tiwaz

MANUAL PRÁTICO DAS
RUNAS

LOGO DEPOIS DE APRENDER SOBRE ESTA ÚLTIMA FAMÍlia de runas, acrescente cada uma delas ao seu saquinho e depois sinta-se à vontade para realizar tiragens com o grupo completo.

O *AETT* DE TIWAZ

Essas oito runas estão sob a proteção de Tyr (também conhecido como Tiw), o Espírito Guerreiro, o nobre deus do combate que sacrificou a mão que carregava sua espada para proteger outras deidades e seu pai, Odin, de Fenrir, um lobo cósmico.

TIWAZ:
a Estrela Polar, uma Estrela-guia

Pontos fortes, símbolo voltado para cima: justiça; altruísmo; seguir um caminho digno independentemente das dificuldades; verdades reveladas; realização de sonhos; viagens longas a lugares distantes.

Desafios, símbolo voltado para baixo: ilusões e sonhos fantasiosos; autossacrifício desnecessário, especialmente envolvendo entes queridos; perda de fé na vida e em si próprio; depressão.

Tyr é o deus nórdico que presidia todas as questões de justiça. O *Poema Rúnico Nórdico* e o *Poema Rúnico Islandês* se referem a ele como o Deus da Mão Arrancada, referindo-se ao sacrifício de seu bem mais precioso, sua mão direita, que usara como isca para prender Fenrir, o Lobo. Os *Poemas Rúnicos* falam sobre "manter a fé mesmo durante a noite mais escura". Tyr continuou guerreando com seu braço de prata e não temia lutar pelo que é digno e justo. Sendo assim, essa runa afirma que podemos vencer se perseverarmos e não perdermos a fé em nossos princípios. Ela também significa a revelação de um talento oculto ou a possibilidade de um dom criativo se tornar uma nova carreira.

O que Tiwaz Significa?
Essa runa é favorável a todos os tipos de apresentações públicas, competições e artes performáticas. Também é um presságio de viagens — principalmente feitas sem companhia — ou de um novo estilo de vida envolvendo essa área. É um bom indicativo de questões legais, como oposição entre honestidade e corrupção, da recuperação de uma enfermidade e também da realização de um sonho a longo prazo. Caso você tenha colocado sua vida em suspenso porque uma pessoa amada estava precisando muito de você, o aparecimento dessa runa indica que você será recompensado por tal sacrifício.

Se o lado vazio aparecer, pode significar que você está fazendo sacrifícios desnecessários por pessoas perfeitamente capazes de cuidar delas mesmas ou que talvez você não esteja preparado para se comprometer e aceitar o que é possível no momento, mesmo que não seja o ideal. Se estiver sofrendo com mentiras de terceiros, a verdade virá à tona.

BERKANO:
A Deusa-Mãe, A Bétula

Pontos fortes, símbolo voltado para cima: renovação; cura; regeneração física ou espiritual; fertilidade e maternidade (em todos os aspectos).

Desafios, símbolo voltado para baixo: recusa em aceitar novos membros da família; tentativa de incutir culpa em familiares; necessidade de lidar com panelinhas no trabalho ou nas amizades; ficar recomeçando algo em vez de perseverar quando as coisas ficam difíceis.

A runa Berkano é associada à Berchta, uma deusa nórdica da terra que cuida das mães e das crianças, especialmente das abandonadas, e também à mãe-terra nórdica primordial, Nerthus.

Outra interpretação diz respeito à bétula, a primeira árvore a recolonizar a terra após o fim da Era do Gelo. De acordo com o *Antigo Poema Rúnico Nórdico*, a bétula "dá brotos sem semear", portanto é muito associada ao renascimento e ao recomeço, principalmente quando se trata de algo complicado ou que ocorre mais tarde na vida.

O que Berkano Significa?

Berkano representa uma época de novos começos ou a ressurreição de algo que parecia perdido. É um excelente presságio de fertilidade, gravidez e maternidade (em todas as idades e estágios). Sugere sucesso em novos negócios ou projetos criativos, especialmente por pessoas mais velhas e à procura de uma nova carreira antes da aposentadoria. É símbolo de tempos felizes com a família e de dar as boas-vindas a novos membros, especialmente através de segundos matrimônios.

Os relacionamentos podem ser a questão central dessa runa, por isso você pode estar começando algo novo ou tentando reacender a magia de um longo relacionamento. É esperado que você ofereça empatia, gentileza e carinho.

Quando o lado vazio aparece, indica que talvez seja preciso agir como pacificador entre membros da família ou colegas que estejam brigados, e aceitar as pessoas pelo que são, não pelo que você gostaria que fossem. Além disso, você também pode estar sofrendo manipulação de familiares por meio de favoritismo ou enfrentando panelinhas no trabalho. Independentemente de qual for o caso, é hora de dar um passo para trás e se recusar a participar de jogos de poder impossíveis de serem vencidos.

EHWAZ:
o Cavalo

Pontos fortes, símbolo voltado para cima: relacionamentos harmoniosos; alcance do equilíbrio certo entre demandas interiores e exteriores ou outros aspectos da vida; negociações e empreitadas positivas; ampliação de horizontes; mudanças de propriedade ou realocações; viagens em grupo.

Desafios, símbolo voltado para baixo: permitir que alguém menos sábio ou mais fraco dite o curso dos eventos; desarmonia entre parceiros; inquietação e busca constante por novos ambientes, pessoas e situações.

O cavalo é um animal sagrado para os vikings, especialmente os cavalos que levavam os guerreiros para a batalha. Ele é o símbolo da confiança e harmonia plena com outra pessoa ou com o seu eu interior. Essa runa, mencionada somente no *Poema Rúnico Anglo-Saxão*, enfatiza a alegria que um cavalo traz a seu cavaleiro e como sua presença é capaz de fazer com que o cavaleiro se sinta "um príncipe" ou *aethling* (uma pessoa de alta hierarquia).

O que Ehwaz Significa?
Ehwaz indica a resolução rápida de uma questão ou a necessidade de uma resposta rápida. Essa runa é a mensageira das viagens a

turismo e a trabalho — especialmente as feitas para realizar um sonho ou que surgem do nada, as quais sempre devemos aceitar — e é um ótimo indicativo de negociação de parcerias de trabalho, restauração de harmonia familiar ou nos relacionamentos, e resolução de lutas de poder ou *bullying* por meio de negociação ou mesmo meios judiciais.

Se o lado vazio aparecer, pode ser o momento de evitar agir de forma pacificadora nos conflitos alheios e aceitar que é impossível fazer tudo e agradar a todos. Concentre-se nas suas prioridades.

MANNAZ:
a Humanidade

Pontos fortes, símbolo voltado para cima: aceitação tanto dos pontos fortes quanto dos fracos de si mesmo e das outras pessoas; igualdade no trabalho e nos relacionamentos; aprendizado de novas habilidades; luta pela perfeição; todas as questões envolvendo aprendizado, estudo e lides burocráticos.

Desafios, símbolo voltado para baixo: criticismo demais ou imposição de padrões impossíveis a si e aos outros, problemas envolvendo etarismo, sexismo, preconceito religioso e intolerância racial, luta contra autoridades cínicas e corruptas.

Mannaz, a runa da humanidade, simboliza nossos pontos fortes e nossas fraquezas, além do encontro de um estilo de vida significativo. Odin e seus irmãos moldaram o primeiro homem e a primeira mulher através das cinzas e de um elmo, e seus descendentes repopularam o novo mundo após a destruição do mundo antigo.

O *Poema Rúnico Anglo-Saxão* narra sobre a mortalidade da humanidade e como o homem, regozijado, é amado por seus familiares e precisa se separar deles ao encontrar a morte. Mannaz representa nosso potencial de alcançar a iluminação espiritual e diz que deveríamos valorizar nossos relacionamentos, embora, no fim de tudo, precisemos aceitar que somos seres separados e não podemos viver em função do outro.

O que Mannaz Significa?
Maximize seus potenciais e suas habilidades, mas não negue suas fraquezas inatas. Não culpe as pessoas por serem o que são nem espere que compensem suas falhas. Qualquer desigualdade ou injustiça será superada se você continuar lutando, seja ela uma barreira invisível no trabalho ou a discriminação que você — ou pessoas que ama — possa sofrer por ser diferente. Se precisar aprender algo novo, isso ocorrerá mais facilmente. Também pode ser o momento de receber o devido crédito por seu conhecimento e trabalho duro.

Se o lado vazio aparecer, aceite que você não é o Super-Homem ou a Mulher Maravilha e que precisa delegar responsabilidades caso esteja sobrecarregado ou então pedir conselhos ou ajuda. Você também pode descobrir que uma pessoa que ama ou admira tem defeitos que o decepcionam, mas isso não pode ser motivo para o término do relacionamento. Em vez disso, veja o que pode ser remendado e como a confiança pode ser restaurada.

LAGUZ:
Água, o Mar

Pontos fortes, símbolo voltado para cima: tentativa de ser feliz além da zona de conforto e sem garantias de sucesso; grandes mudanças de vida; seguir o fluxo da vida; oportunidades inesperadas; confiança na sabedoria inconsciente e na intuição; arriscar-se no desconhecido; férias ousadas ou um emprego em que se viaje bastante; poderes mediúnicos; empreitadas criativas; seguir o coração em vez da cabeça.

Desafios, símbolo voltado para baixo: ceder ao excesso de sentimentalismo; cair em chantagem emocional (ou praticá-la); oscilações de humor; sacrificar tudo em troca da luxúria ou de casos amorosos irresponsáveis.

Essa runa representa, de acordo com os antigos *Poemas Rúnicos*, os dracares que os vikings usavam para viajar a terras distantes — incluindo a América —, descritos como "corcéis de carvalho" ou "cavalos de carvalho", enfrentando perigos como "mares revoltos" ou "o garanhão de sal que não aceita o cabresto".

Para os vikings, a água era um conceito simultaneamente empolgante e assustador, pois as viagens pelo mar eram muito perigosas, ainda que levassem a grandes conquistas e descobertas. A água nunca anda para trás e sempre encontra um caminho ao redor dos obstáculos. É preciso coragem para seguir opções inesperadas ou arriscadas, mas isso pode ser empolgante e muitas vezes o caminho para a verdadeira felicidade. Essa é, definitivamente, uma runa que simboliza assumir riscos e seguir o próprio coração em detrimento da lógica.

O que Laguz Significa?
Essa runa significa que você está considerando uma mudança total no seu estilo de vida ou está prestes a iniciar uma nova empreitada, embora o tempo e as circunstâncias não sejam exatamente ideais. Talvez seja preciso deixar toda a segurança para trás a fim de alcançar os seus sonhos. Confie na sua intuição para guiá-lo, improvisando e se adaptando ao longo do caminho, pois esse momento pode nunca acontecer novamente e só devemos nos arrepender daquilo que nunca fizemos. Pode ser o momento de tentar algo totalmente distinto da sua personalidade ou de falar a verdade e se arriscar no âmbito das emoções, especialmente se já foi magoado no passado.

Se o lado vazio da runa surgir, pode indicar que terceiros tentarão chantagear você emocionalmente ou apelar para os seus sentimentos. Confie nos seus instintos antes de se comprometer com uma situação irrevogável ou fazer promessas das quais possa se arrepender. Evite desperdiçar amor e confiança no que pode ser uma tentação irresistível. Cuidado com vampiros emocionais que possam drenar seus recursos e suas energias.

INGWAZ:
Fertilidade, o Deus da Fertilidade

Pontos fortes, símbolo voltado para cima: início de empreitadas criativas que terão sucesso dentro de seis a doze meses; seguir a rota convencional do sucesso (mesmo que lenta); promessa de dias melhores no futuro; fertilidade — especialmente para homens ; relacionamentos importantes; amor e magia do sexo.

Desafios, símbolo voltado para baixo: impaciência devido à pressão para alcançar o sucesso ou resultados imediatos, o que pode sabotar esforços anteriores; estagnação no amor ou na carreira; dúvidas sobre começar ou não uma família.

Ing ou Freyr, o deus nórdico da fertilidade e consorte da Deusa-Mãe, Nerthus ou Berkano, dirigia sua carruagem sobre os campos após o inverno para liberar a fertilidade do solo, dos animais e das pessoas, como descrito no *Poema Rúnico Anglo-Saxão*. Isso fazia parte da cerimônia sagrada de matrimônio com Nerthus, por isso ele se recolhia para permitir que as sementes germinassem e crescessem. Ing também era o deus da segurança e do lar.

O que Ingwaz Significa?
Inicie uma empreitada ou comunicação, mas esteja preparado para esperar pela resposta ou pelos resultados, embora a paciência traga lucro. É uma ótima runa se você estiver tentando ter um bebê, especialmente se for uma pessoa do sexo masculino com problemas

de fertilidade. Siga a rota convencional de estudos, legalmente e financeiramente, ou siga uma carreira certa, mas que demorará a render frutos.

Se o lado vazio da runa aparecer, pode significar que sua vida está estagnada. Tire alguns dias para que ideias acerca das mudanças que você gostaria de fazer germinem, mas elas precisarão acontecer lentamente, passo a passo, para serem duradouras. Podem existir algumas preocupações subjacentes ao dar início a uma família, especialmente se já houver crianças de relacionamentos anteriores ou se um dos parceiros não quiser (ou não puder) ter filhos. Compromisso e sensibilidade resolverão o problema.

OTHALA:
o Lar

Pontos fortes, símbolo voltado para cima: positividade em todas as questões envolvendo propriedade; melhoria financeira e estabilidade emocional; período feliz para o lar, a família e os animais de estimação; boa saúde e felicidade para membros idosos da família; possíveis novos membros vindos de um novo casamento.

Desafios, símbolo voltado para baixo: perda de recursos financeiros, talvez devido a demandas familiares pouco razoáveis; preocupação com os idosos da família e crianças (de qualquer faixa etária) que possam estar causando ou sofrendo problemas.

Othala, o Lar, representa a organização prática da vida familiar. Em *Poemas Rúnicos*, é "amada por todos os humanos". Essa satisfação doméstica está conectada a uma boa colheita. Embora os nórdicos sejam grandes desbravadores, o lar era muito importante para eles, e estabelecer novas moradas com as bençãos dos guardiões da terra era sua prioridade.

O que Othala Significa?
Essa runa indica um ótimo momento para negócios envolvendo propriedades, para comprar e vender casas, trabalhar do próprio lar e passar um tempo agradável com a família ou com os amigos. Também é um ótimo sinal para a construção de uma casa ou para uma reforma.

Se o lado vazio aparecer, você precisará economizar com coisas relacionadas à casa e não poderá permitir que familiares ou amigos o usem como banco. Talvez você sinta ressentimento por outras pessoas se não estiverem ajudando de forma prática com a casa. Aja com severidade se quem vive com você, especialmente adultos imaturos, estiver causando muito estresse.

Othala às vezes é vista como a runa final, mas para mim faz mais sentido que Dagaz, o Despertar, seja a última runa do grupo.

DAGAZ:
o Nascer do Dia, o Despertar

Pontos fortes, símbolo voltado para cima: a luz no fim do túnel; novos começos; acreditar em si mesmo quando outras pessoas duvidam de você; uma oportunidade repentina de brilhar ou vencer.

Desafios, símbolo voltado para baixo: viver para o futuro e esquecer de viver o presente; excesso de pessimismo com a vida; prender-se a mágoas passadas.

Dagaz, cujo nome significa *dia*, era o radiante filho de Nott, a deusa da noite. Toda madrugada, Dagaz andava em sua carruagem reluzente, guiada pelo garanhão branco, Skin-faxi (*crina brilhante*), trazendo consigo a manhã. O *Poema Rúnico Anglo-Saxão*, o único que descreve Dagaz, refere-se à runa como o "mensageiro do Senhor", refletindo uma tentativa dos escribas de cristianizar os *Poemas Rúnicos*. A luz de Dagaz "brilha igualmente sobre os ricos e os pobres, oferecendo-lhes esperança".

Dagaz, portanto, é uma runa muito empolgante e positiva, já que geralmente simboliza boa saúde para você ou um ente querido, uma nova oportunidade de carreira, especialmente após a perda de um emprego, falência ou demissão, ou uma súbita revitalização no amor ou na boa sorte.

O que Dagaz Significa?

Dagaz é uma promessa de que a vida melhorará se você seguir adiante e tiver fé em si. É favorável para o aprendizado de novas habilidades, readaptações profissionais, oportunidades de estudo ou construção de uma nova carreira, prometendo uma melhora de situação, especialmente em relação a alguém jovem. É um ótimo sinal de superação de vícios, resolução de dívidas, medos, fobias ou depressão, do possível encontro de um amigo ou amor que possa mudar sua vida, de uma gravidez feliz e de crianças saudáveis, e de uma fantástica boa sorte adiante.

Se o lado vazio aparecer, então pode sugerir que você está em constante espera por um amanhã melhor ou preocupado demais com fracassos do passado, rejeições e riscos do futuro, em vez de fazer o melhor que pode agora. Se a sua confiança em alguém foi quebrada, procure ajuda de pessoas que o apoiem em vez de se fechar para o mundo.

No próximo capítulo, você conhecerá a vigésima quinta runa, totalmente em branco, e descobrirá como trabalhar com diferentes configurações como forma alternativa de tiragem de runas.

6
Tiragens Mais Complexas e Básicas

MANUAL PRÁTICO DAS
RUNAS

AOS TRÊS CONJUNTOS DE *AETTS* APRENDIDOS ATÉ agora, acrescentaremos uma runa final — uma runa vazia — na qual nada está desenhado em nenhum dos lados da pedra ou do bastão rúnico. Tirar a runa vazia em um jogo pode trazer à tona uma questão-chave ou uma transição importante de vida, especialmente se você precisa de tempo para considerar todas as opções antes de agir. Ela também pode indicar um elemento ou uma oportunidade inesperada. Essa runa é chamada de Runa de Odin, o Deus-Pai das profecias, ou a Runa de Wyrd, do futuro que você pode decidir e moldar.

O que a Runa Branca Significa?
Não podemos depender de respostas tradicionais ou do conselho de terceiros, e o caminho certo pode representar um salto rumo ao desconhecido. Você está em uma encruzilhada, e o futuro ainda está para ser explorado e determinado por você.

DESENVOLVENDO TÉCNICAS DE TIRAGEM

Talvez você deseje reler o capítulo 3 deste livro para se recordar dos dois métodos mais comuns de tiragem de runas.

Se optar pelo primeiro método, que envolve tirar três runas e jogá-las dentro do círculo, saiba que a tiragem de seis ou de nove segue o mesmo princípio.

Às vezes, ao fazer a tiragem de três, a resposta pode ser meio nebulosa. Nesse caso, opte por deixar as runas na posição em que caíram, mesmo que estejam fora do círculo, e tire mais três runas do saquinho, observando a distância em que caem em relação às outras três.

Acrescente ainda um conjunto de mais três runas se sentir que precisa de mais clareza ou se a pergunta for muito complexa. Com grupos de seis ou nove runas, a configuração em que caem ou se aglomeram é ainda mais significativa, por isso procure por uma runa dominante, que esteja cobrindo ou dominando uma área do círculo.

Tiragem de Seis

Alan é muito próximo de Joyce, sua irmã mais nova, que está em um casamento infeliz. Ela costuma aparecer com hematomas e já admitiu que seu marido, Carl, a ataca quando está bêbado, algo que ocorre com frequência. Carl se recusa a procurar ajuda e culpa Joyce por suas explosões. Alan já implorou à irmã que abandone o marido. Joyce diz que isso é problema dela e o proibiu de interferir em seu casamento. Recentemente, os dois irmãos tiveram uma discussão horrível, e Joyce ameaçou não aceitar mais se encontrar com Alan se ele continuar pressionando-a. No entanto, como Alan pode continuar vendo a irmã sofrer e não fazer nada a respeito?

Conheci Alan em uma sessão de autógrafos e, como sempre, meu cronograma se degringolou completamente enquanto usamos as runas para resolver esse dilema aparentemente impossível. Ele tirou as runas listadas a seguir. As três primeiras caíram fora do círculo, por isso senti que eram essas runas que a irmã de Alan precisaria trazer à própria vida para seguir adiante.

Runa 1: Jera, a runa das estações do ano e da colheita, saiu com a face em branco voltada para cima, fora do círculo e na área que comumente é chamada de Gelo, o quinto elemento nórdico, onde as questões estão congeladas pela inação. Se uma runa vazia aparecer nessa área, é um forte indicativo de um enorme bloqueio.

Runa 2: Eihwaz, o teixo, a árvore dos finais, está com o lado vazio para cima e também fora do pano, na área do Gelo.

Runa 3: Ingwaz, a runa do afastamento, segue o mesmo padrão.

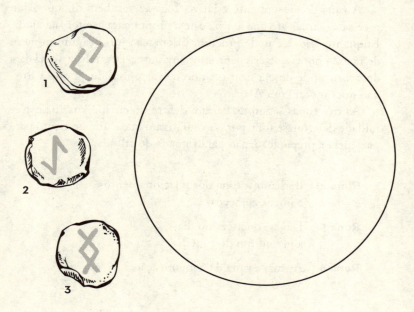

TIRAGENS MAIS COMPLEXAS E BÁSICAS

A primeira runa, Jera, a colheita, trata da passagem de um estágio de vida para outro. Isso significa que, por mais difícil que seja, Alan precisa aceitar que sua irmã é uma adulta e que às vezes precisamos nos afastar e deixar que os outros vivam suas próprias vidas e cometam os próprios erros. Ele só poderá protegê-la se ela permitir isso. Mas é vital que Alan deixe claro à irmã que ela pode recorrer a ele a qualquer momento, pois é o único membro da família no qual ela confia.

A segunda runa, Eihwaz, o teixo, revela que Alan está perdendo tempo ao tentar persuadir a irmã a tomar um caminho que ela não quer e, de fato, ao pressioná-la, pode estar dificultando uma decisão que somente ela pode tomar. O relacionamento da irmã já chegou a um óbvio final; mas até que ela aceite isso, ele está apenas causando uma tensão extra ao forçá-la a se separar do marido.

A runa do afastamento criativo, Ingwaz, também diz que Alan precisa aguardar até que a irmã esteja pronta para aceitar sua ajuda. Enquanto isso, ele pode procurar orientação jurídica, um número de táxi 24 horas que esteja pronto para buscá-la, e talvez ajudá-la a descobrir onde deseja ficar quando deixar o marido, já que a irmã não quer morar com Alan.

As três runas seguintes caíram dentro do círculo, mas na extremidade dele, quase fora, por isso enfatizam que é um momento para paciência e preparação, não para tomada de atitudes.

Runa 4: Berkano, a runa dos relacionamentos e novos começos.

Runa 5: Dagaz, o nascer do dia, a luz no fim do túnel.

Runa 6: Ansuz, a runa da comunicação.

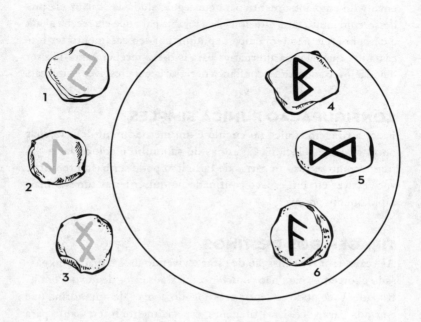

Berkano aborda as dificuldades de relacionamento e sugere que, enquanto a irmã precisa fazer sua escolha, só o que Alan pode fazer é oferecer seu amor e apoio em vez de agir como o irmão mais velho. Mas como essa também é a runa da regeneração, é também uma promessa de renovação na vida da irmã.

Dagaz, o alvorecer, é uma promessa de que, se Alan for paciente com Joyce e apoiá-la nos termos dela, ela descobrirá que há uma alternativa à vida com um agressor. Mas ao perder a paciência com ela, Alan está, na verdade, piorando a situação. Joyce ainda não percebeu que tem o direito de deixar o marido e que a situação não é culpa dela. Talvez as coisas precisem piorar antes de melhorar.

TIRAGENS MAIS COMPLEXAS E BÁSICAS

Ansuz é a runa-chave. Joyce precisa falar, mas Alan está muito envolvido emocionalmente para conseguir ajudá-la. Talvez ele pudesse, com muito tato, direcioná-la à terapia para que ela receba ajuda e descubra que não tem culpa nenhuma por seu casamento ter fracassado e que há uma alternativa para isso. Ao receber garantia e ser ouvida, Joyce adquirirá a confiança necessária para resolver a situação.

CONFIGURAÇÃO RÚNICA SIMPLES

Fazer a tiragem rúnica no círculo é um método muito eficaz, mas outra opção é selecionar as runas do saquinho e colocá-las à sua frente como se fossem cartas de tarô. Isso pode ser bastante útil se você estiver em um espaço confinado ou quiser ler as runas o mais rapidamente possível.

TIRAGEM DOS DESTINOS

Às vezes, temos a sensação de estar revivendo uma situação do passado e torcemos para não cometer os mesmos erros de novo. Por outro lado, você pode se sentir pressionado a viver de uma forma que é errada para você. Essa tiragem é especialmente interessante para quebrar padrões.

As três Nornas, deusas nórdicas do destino, eram guardiãs do Poço de Urd, ou Destino, presente aos pés da raiz de Yggdrasil, a Árvore da Vida, e determinavam como o futuro podia sofrer influência de padrões do passado. A runa do futuro pode sugerir formas de mudar padrões recorrentes e infrutíferos se você desejar, ou ajudá-lo a se tornar mais consciente de por que está agindo como está e poder tomar uma atitude consciente.

Faça uma pergunta sobre algo recorrente na sua vida ou que o faz sentir-se pressionado por terceiros — uma coisa que, por si só, seja um padrão recorrente na sua vida. Escolha três runas do saquinho, uma de cada vez, e as disponha em uma linha horizontal, como mostrado no exemplo da página 82.

Vire cada uma delas em suas mãos fechadas por nove vezes antes de devolvê-las e observar qual lado está aparecendo — o da inscrição ou o do lado vazio. Sempre leia a primeira runa selecionada e siga a partir daí.

Runa 3: Futuro

Runa 2: Presente

Runa 1: Passado

A Tiragem dos Destinos em Ação

Joe tem 25 anos, conheceu uma mulher em férias no exterior e está perdidamente apaixonado por ela. Alyssa, que é dez anos mais velha, vive na Grécia e tem dois filhos pequenos. Desde que a conheceu, Joe pensa em abandonar sua carreira como contador júnior em Chicago para trabalhar na fazenda produtora de azeite do pai de Alyssa. Contudo, há problemas envolvendo o ex-marido de Alyssa, que não aceita a separação.

Ao realizar a tiragem, Joe primeiro tira Gebo, a runa do amor e dos relacionamentos, com a face voltada para cima, embora, de forma significativa, corresponda ao passado. Joe afirma ter vivido uma série de relacionamentos sérios, geralmente com mulheres mais velhas, mas devido a diversas complicações essas mulheres acabaram voltando com os seus ex-companheiros.

No espaço que corresponde ao presente, ele tirou a runa branca Tiwaz, a Estrela e o Espírito Guerreiro, que diz respeito a sacrifícios e a seguir os próprios sonhos. Joe segue o velho padrão de resgatar a donzela em perigo, a necessidade de resolver a vida dela, correndo o risco de, novamente, ser deixado de lado. Contudo, ele sente que, independentemente do risco, está feliz em abrir mão de tudo para viver um novo amor. Ainda assim, a runa branca questiona: será que esse sacrifício vale a pena? Quais são os sonhos ocultos de Joe?

Perguntei a ele qual era seu verdadeiro sonho. O que Joe mais queria era se tornar um pintor, e ele adoraria estudar Arte, mas seus pais o pressionaram a seguir uma carreira estável e segura.

Na posição do futuro, Joe pegou Kenaz, a Tocha, a luz e a chama interior, com o símbolo voltado para cima. A voz interior do rapaz afirma que ele deveria olhar com atenção aos padrões que possa estar repetindo antes de se jogar de cabeça na situação. Ele diz que costuma passar de um relacionamento desastroso a outro. Então talvez devesse voltar à Grécia por um mês (nas férias) e trabalhar na fazenda de azeite para descobrir se isso é mesmo amor ou apenas uma fuga da realidade para ambos — ele e Alyssa. Nesse meio-tempo, ele deveria pensar em um curso na área de Arte (Tiwaz oculta), uma vez que seu atual trabalho não o fazia feliz, e isso estava por trás de seu desejo de viver um romance dramático (Gebo).

Dessa forma, Joe voltou à Grécia e descobriu que trabalhar na fazenda era um trabalho árduo e entediante. Ao mesmo tempo, Alyssa oscilava entre Joe e o ex-marido. Por fim, Joe decidiu quebrar o padrão, se matriculou em uma escola de Arte e está namorando uma moça sem grandes bagagens emocionais, da mesma idade que ele e que está cursando História da Arte.

KENAZ

TIWAZ

GEBO

TIRAGEM ALTERNATIVA

Às vezes, quando duas alternativas de vida parecem igualmente possíveis, pode ser bastante útil analisar cada opção cuidadosamente. Nesse método, a primeira runa no topo é a que determina a pergunta, enquanto as duas ramificações simbolizam os fatores subjacentes, resultados a curto e a longo prazo, um para cada opção.

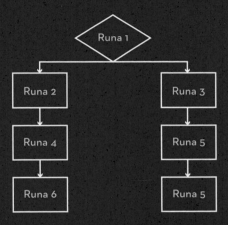

Aqui a runa 1 representa a decisão a ser tomada. As colunas da esquerda e da direita representam as escolhas. As runas 2 e 3, quaisquer fatores escondidos. As runas 4 e 5 dizem respeito aos ganhos a curto prazo, e as runas 6 e 7, aos ganhos a longo prazo.

Você pode realizar a leitura verticalmente: Opção 1 seguida de Opção 2 ou considerar as duas opções em conjunto e lê-las horizontalmente. Costumo usar o método vertical. Escolha cada uma das runas separadamente e vire-a nove vezes nas mãos fechadas antes de colocá-las em seus devidos lugares e descobrir se saíram com o lado vazio ou com o símbolo para cima. A exceção é a runa 1, que sempre deve ser colocada com a inscrição voltada para cima, já que incorpora o significado de ambas.

TIRAGENS MAIS COMPLEXAS E BÁSICAS

Tiragens Alternativas em Ação

Anna, uma musicista aposentada na faixa dos setenta anos de idade, está lutando para manter sua casa desde que passou por uma cirurgia cardíaca, embora já esteja totalmente recuperada. Sua filha Juliana, casada, quer que Anna se mude para outra parte do país e viva na casa *dela*, servindo de babá para seus três filhos, já que tem um emprego exigente e ela e o marido viajam demais. Porém Juliana deixou claro que a mãe não poderá levar o piano, pois não há espaço. No sentido econômico isso faz sentido, mas Anna sente que perderá sua identidade e sua relação com a música, pois ela ainda organiza saraus musicais por diversão, e Juliana fez questão de frisar que isso não acontecerá.

Na leitura, Anna tirou:

Runa 1: A verdadeira questão, Fehu, a runa da prosperidade/do preço.

Runa 2: O fator oculto da Opção 1, Isa, a runa do Gelo.

Runa 3: O fator oculto da Opção 2, Jera, a colheita.

Runa 4: Os resultados a curto prazo da Opção 1, Nauthiz, a runa da necessidade.

Runa 5: Os resultados a curto prazo da Opção 2, Uruz, a runa do obstáculo.

Runa 6: Os resultados a longo prazo da Opção 1, Laguz, a runa das emoções.

Runa 7: Os resultados a longo prazo da Opção 2, Mannaz, a runa da força.

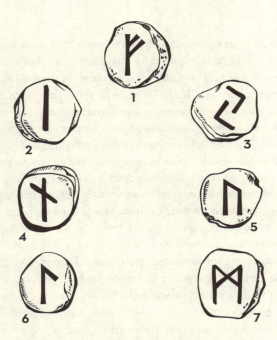

A questão era muito clara. Será que a segurança e a liberdade financeira valem o preço que Anna precisará pagar?

Na Opção 1, em que Anna se vê vivendo com a filha, temos a indicação de um fator oculto: Isa, o Gelo. Anna diz que talvez se sinta congelada em uma dependência quase infantil se for morar com a filha controladora, algo do qual se ressentiria profundamente. O resultado a curto prazo seria sua necessidade imediata de segurança financeira, algo que Nauthiz garante que aconteceria. Contudo, lembre-se, essa é a runa que simboliza a satisfação de nossas necessidades, portanto está colocada de um jeito meio desconfortável nesse contexto.

Ainda que Anna ame seus netos, eles são crianças agitadas e exigentes, e esse movimento, simbolizado por Laguz, a água, a faria infeliz no longo prazo. Ela perderia os amigos e os saraus e se tornaria um mero apêndice na vida de Juliana.

TIRAGENS MAIS COMPLEXAS E BÁSICAS   85

Na Opção 2, Jera oferece a colheita como o fator oculto na manutenção de sua independência. Anna estava confusa sobre o potencial financeiro dessa runa. Perguntei a ela se via alguma possibilidade de ganhar dinheiro em casa, depois de parar de viajar para concertos, algo que fazia há anos e que se tornara cansativo demais. Anna disse que, na verdade, já haviam lhe perguntado sobre a hipótese de dar aulas particulares de música ou sobre organizar um coral ou grupo musical na região, mas havia hesitado, pois Juliana tinha dito que os dias de musicista profissional de Anna já haviam terminado e ela precisava se aposentar. Anna também já tinha sido convidada pela faculdade de música a alugar quartos de sua casa para alunos. Mas Juliana era contra a ideia, pois seria, segundo ela, algo muito disruptivo.

O resultado a curto prazo da Opção 2, Uruz, a superação de obstáculos, estava com o símbolo voltado para cima. Alugar alguns quartos de sua casa *não seria*, a curto prazo, um problema para ela, uma vez que o andar superior da residência é independente do restante do imóvel, por isso ela poderia alocar pessoas ali. Além disso, os ensaios musicais dos estudantes não a incomodariam de forma alguma, pois o imóvel tinha uma boa vedação de som. Isso tudo resolveria seus problemas financeiros. Quanto à possibilidade de organizar um coral, Anna poderia até contar com caronas de ida e volta oferecidas por alguns conhecidos, pois os concertos ocorreriam na sua cidade. Novamente, ela receberia um bom dinheiro e também poderia usufruir da música. Além disso, as aulas particulares aconteceriam no momento que fosse mais conveniente para ela.

Quanto à runa final, o resultado a longo prazo da Opção 2, Mannaz, a runa das próprias forças, mostra a Anna que ela pode manter sua independência já que está bem de saúde e, além disso, ao aceitar as oportunidades que anteriormente não levara em conta por considerá-las pouco práticas, pode também melhorar sua condição financeira, ao mesmo tempo em que ressuscita sua morada e sua relação com a música.

No próximo capítulo, trabalharemos com tiragens mais complexas.

MANUAL PRÁTICO DAS
RUNAS

Neste capítulo, trataremos de tiragens rúnicas mais complexas, mas, já que o faremos passo a passo, o processo será bastante direto.

O MÉTODO RAIDHO

Raidho é a runa do movimento. Essa configuração rúnica é excelente caso esteja considerando uma mudança e queira saber a melhor rota ou o melhor método para alcançar seus objetivos.

Interpretando o Método Raidho

Primeiro escreva uma pergunta. Faça isso usando poucas palavras ou algumas frases curtas. Seja espontâneo. Depois escolha quatro runas do saquinho, uma de cada vez sem olhá-las. Coloque-as nas posições exibidas a seguir. Essa ordem pode parecer estranha à primeira vista, mas fará mais sentido das próximas vezes que optar por esse esquema rúnico.

Posições Rúnicas

Runa 2: Objetivo

Runa 4: Obstáculos

Runa 3: Seus pontos fortes

Runa 1: Sua situação atual

Coloque as runas verticalmente na ordem dada — 2, 4, 3, 1 — e leia-as da que está mais próxima à mais distante de você, terminando com a runa 2.

A runa 1, junto à informação que você escreveu, reflete sua situação presente. Coloque-a na sua frente, o mais próximo possível de você, na parte inferior desta que será uma escada de runas.

A runa 2, que aparecerá no topo dessa coluna, acima da runa 4, é o seu objetivo. Ela deve ficar o mais longe possível de você.

A runa 3 representa seus pontos fortes, recursos, ou pessoas que o ajudarão a realizar seu objetivo. Ela deve ser colocada logo acima da runa 1.

Por fim, a runa 4, posicionada acima da runa 3 e abaixo da runa 2, representa seus obstáculos, pessoas nocivas ou medos que estejam bloqueando seu caminho.

O Método Raidho em Ação

Paula, uma mãe solo, quer levar os filhos para uma viagem à Europa por um mês, mas está muito preocupada com as finanças, pois precisa tirar uma licença não remunerada do trabalho, já que usou o período de suas férias para mudar de casa. Ela é jornalista e trabalha para uma revista feminina, organizando ensaios fotográficos e, às vezes, auxiliando o fotógrafo a compor o visual das modelos, mas o que realmente deseja é se tornar uma escritora de viagens. Paula quer descobrir como custear esse passeio e, ao mesmo tempo, mudar o estilo de vida para passar a trabalhar de casa, pois gasta uma fortuna com a creche. Vamos ver que runas Paula tirou:

A **runa 1** representa a situação de Paula: Berkano, a bétula; um indicativo de que os recursos necessários para seu futuro estão dentro dela e que, por ser uma runa da Deusa-Mãe, ela inclui a presença das crianças como chave para esse esperado futuro.

A **runa 2** é o objetivo principal de Paula: Othala, o lar; um indicativo de que é preciso usar habilidades práticas de maneira inovadora para bancar a viagem a curto prazo; isso traria a mudança de carreira que Paula quer para trabalhar de casa.

A **runa 3** são os pontos fortes de Paula: Sowilo, o sol; um indicativo de que ela deve usar seus talentos para conseguir tanto fazer a viagem quanto iniciar uma nova carreira.

A **runa 4**, por sua vez, representa os obstáculos de Paula: Laguz, a água; indicativo dos riscos envolvidos tanto no ato de viajar com orçamento apertado quanto na busca da nova carreira; um mercado supersaturado; filhos para sustentar.

A Interpretação

Paula observou a **runa 1**, Berkano, e decidiu que a chave para cobrir os custos da viagem e conseguir se dedicar a uma nova carreira estava ligada justamente às crianças e a essa viagem. Escrever sobre a experiência poderia ser o meio para seu ganha-pão futuro, além de resolver o problema a curto prazo de custear a viagem pela Europa. Mas como fazer isso?

A **runa 3**, símbolo de seus pontos fortes e dos recursos que tem, é representada por Sowilo, o sol. Como a empresa em que trabalha está sempre em busca de novas ideias, Paula podia sugerir um artigo sobre como viajar com filhos pequenos sendo mãe solo. Na verdade, ela foi contratada após a leitura rúnica para escrever quatro artigos, um para cada semana em uma cidade diferente. O editor da revista ofereceu um orçamento modesto que cobrisse suas despesas. Então as questões financeiras de curto prazo foram resolvidas.

A **runa 4**, ou Laguz, a runa da água, deu a Paula uma pista sobre como superar seus obstáculos futuros. Trabalhar como escritora *freelancer* seria um risco a longo prazo, então ela precisaria de mais uma alternativa. Paula descobriu que poderia organizar ensaios fotográficos, também como *freelancer*, para aspirantes a modelos infantis, uma vez que era muito boa com crianças e esse negócio poderia ajudá-la a trabalhar de casa e economizar nos gastos com a creche. Mas e quanto ao ingrediente que falta para que alcance todos os seus objetivos: viajar mais e trabalhar de casa?

Finalmente, a **runa 2**, Othala, representou seu objetivo final: trabalhar de casa, viajar e ganhar a vida como escritora de viagens. A ideia veio imediatamente: E se escrevesse uma série de livros sobre como viajar com crianças pequenas do ponto de vista de uma mãe-solo? Algo como um guia turístico, mas com esse diferencial? Paula tinha uma amiga que trabalhava para uma pequena, mas bem-sucedida, casa editorial. Então, alguns meses após a leitura rúnica, ela assinou o contrato. Logo depois, com o dinheiro do adiantamento, viajou para o exterior com as crianças a fim de pesquisar o conteúdo do primeiro livro da série.

O MÉTODO DA ÁRVORE DA VIDA

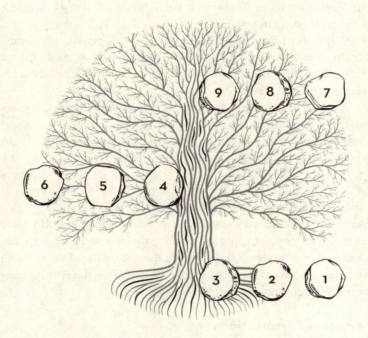

Esse é outro método envolvendo a tiragem de nove runas. Selecione-as do saquinho, uma por vez, e coloque-as como na imagem referida, nos três níveis diferentes de Yggdrasil, da direita para a esquerda. Essa tiragem é ótima para a resolução de questões complexas de relacionamento ou de vida. Posicione as runas com o símbolo voltado para cima, uma vez que ambos os aspectos delas serão analisados.

O topo da árvore é Asgard, lar dos Aesir (as deidades principais), liderados por Odin e sua consorte, Frigg. Esse nível também contém Vanaheim, reino do vento, da fertilidade e dos deuses do mar, e Alfheim, lar dos elfos de luz.

No nível médio está Midgard, terra dos humanos. Eles compartilham esse nível com Jotunheim, terra dos gigantes de gelo, e Nidavellir, o reino dos anões que guardam seus tesouros e fazem artefatos para as deidades.

O nível inferior se divide entre Niflheim e Hel, reinos dos mortos, e Svartalfheim, lar dos elfos sombrios.

Desenhe a árvore da vida, como na ilustração, e escreva nela os reinos principais de cada nível.

Leitura da Árvore da Vida

Decida-se por uma ou duas perguntas relacionadas. Escolha nove runas, uma após a outra, pegando-as do saquinho sem olhá-las, e colocando-as nas posições indicadas na ilustração. Faça isso de baixo para cima, da direita para a esquerda. Leia as nove runas em grupos de três para enxergar o caminho completo.

As Raízes da Árvore, Niflheim

As runas tiradas aqui tratam dos fatores que levaram você à atual posição, sobre razões para um possível mudança e sobre obstáculos no caminho da mudança.

Runa 1: Razões para mudar.

Runa 2: Obstáculos a serem superados.

Runa 3: O que aconteceu antes.

O Tronco da Árvore, Midgard
As runas tiradas aqui significam que ações devem ser tomadas para mitigar ou melhorar as circunstâncias.

Runa 4: Sonhos a serem realizados.

Runa 5: Medos a serem superados.

Runa 6: Ações sugeridas.

A Copa da Árvore, Asgard
As runas tiradas aqui preveem resultados que podem surgir das oportunidades planejadas.

Runa 7: O que pode ser ganhado.

Runa 8: O que pode ser perdido.

Runa 9: Alcançando o objetivo.

A Árvore da Vida em Ação
Naomi está na casa dos quarenta anos de idade. Ela tem sofrido há anos com uma doença degenerativa, mas deseja muito permanecer na própria casa. No momento, ela está em uma cadeira de rodas, e sua assistente social sugeriu que ela seria mais bem cuidada em uma casa de repouso, onde poderia ter seu próprio apartamento. Ao visitar o local, Naomi descobriu que a maior parte dos residentes era de idosos e o conjunto habitacional ficava longe demais do centro da cidade. Ela não tem dinheiro suficiente para adaptar a própria casa a fim de torná-la mais acessível, mas também sente que não quer ficar isolada do mundo.

A Interpretação
Naomi escolheu as seguintes runas. Vamos interpretar os resultados.

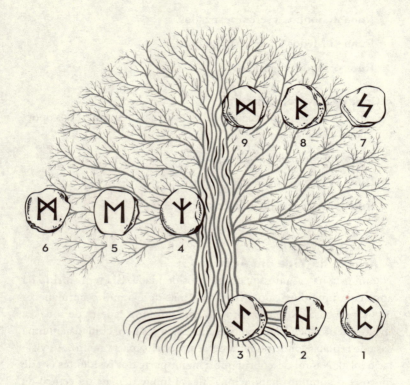

As Raízes da Árvore, Niflheim

Runas 1-3: Representam o passado. As runas revisitam a história de Naomi e o que é responsável por sua atual situação. Naomi escolheu:

Runa 1: Perthro, runa da sorte.

Runa 2: Hagalaz, runa do granizo.

Runa 3: Eihwaz, runa do teixo.

A **runa 1** é Perthro, as razões para mudar e a runa da essência. Naomi sente que sua doença está fazendo com que perca sua identidade, uma vez que sempre foi uma mulher forte e independente e agora precisa de ajuda prática para conseguir ter certa qualidade de vida.

A **runa 2**, Hagalaz, indica as dificuldades e perturbações da vida de Naomi que foram causadas por uma possível mudança, algo que ela enxerga como um retrocesso e não deseja aceitar, uma vez que vê a casa de repouso como um obstáculo para o seu progresso.

A **runa 3**, o que aconteceu antes, é Eihwaz, o teixo. Ela representa o fechamento de uma porta envolvendo sua mobilidade física. Mas, ao usar os recursos disponíveis (o arco feito de teixo para construir um bom futuro dentro das limitações), Naomi ainda pode seguir adiante, em outro caminho, para alcançar uma segurança permanente.

O Tronco da Árvore, Midgard

Runas 4-6: Representam as atitudes no mundo real. Tratam da atual situação de Naomi e das ações possíveis para mitigar suas incapacidades físicas. Naomi escolheu:

Runa 4: Elhaz, runa da urtiga.

Runa 5: Ehwaz, runa do cavalo.

Runa 6: Mannaz, runa das forças e fraquezas.

A **runa 4**, Elhaz, simboliza as esperanças, os sonhos a serem realizados. Elhaz representa as questões desagradáveis que foram evitadas. Lembre-se de que a urtiga, depois de causar um estrago nas mãos de quem a segura, é uma planta bastante útil. As questões da independência de Naomi precisam ser encaradas de forma realista pelos responsáveis por seus cuidados. Essa é a chave de toda essa leitura.

A **runa 5**, Ehwaz, a runa do cavalo e da harmonia, representa o quanto Naomi precisa aceitar uma forma de ajuda, mas a ajuda certa. É aqui que ela precisa falar sobre os próprios medos com um profissional empático e não necessariamente com sua assistente social, que parece ansiosa para empurrar Naomi à opção menos trabalhosa. Contudo, ela precisa descobrir exatamente quais são seus direitos e insistir para receber a quantia necessária do governo a fim de tornar o próprio lar acessível para ela.

A **runa 6**, Mannaz, na posição de ação potencial, representa os pontos fortes e os fracos de Naomi. Na verdade, a moça é formada em Matemática e tem um computador (que nunca usou) que recebeu de uma organização educacional. A faculdade da região, que tem excelentes instalações para alunos com deficiência, costuma dar cursos de informática para adultos. Isso seria uma possibilidade para Naomi. Com um pouco de treino, ela poderia trabalhar de casa e ensinar adultos com deficiência sobre sua paixão por números.

A Copa da Árvore, Asgard

Runas 7-9: Representam o que o mundo pode se tornar se Naomi conseguir botar seus planos em ação. Naomi escolheu:

Runa 7: Sowilo, runa do potencial.

Runa 8: Raidho, runa da mudança.

Runa 9: Dagaz, runa do despertar.

A **runa 7**, Sowilo, o sol, que representa o potencial inexplorado de Naomi, revela o que pode ser conquistado se ela decidir se dedicar ao curso de informática e promete que Naomi pode conseguir criar um nicho precioso para ela no mercado.

A **runa 8**, Raidho, runa da mudança positiva e do progresso, ainda que com muito esforço e dificuldade, avisa sobre tudo que será perdido. Naomi sabe que facilidade e segurança são preços altos a se pagar por sua independência.

A **runa 9**, Dagaz, a runa da iluminação, sobre alcançar o objetivo desejado, diz que, se tiver muita coragem, determinação e se esforçar para continuar vivendo na própria casa, Naomi poderá vencer e ter uma vida melhor.

MÉTODO DO QUADRADO SAGRADO DOS NOVE

O nove é um número mágico e especialmente sagrado para o povo nórdico devido aos nove mundos existentes na Árvore da Vida (Yggdrasil). O quadrado sagrado representa a proteção completa e era usado pelos vikings, de forma mágica, como um local de poder. Escolha as runas, uma de cada vez, e posicione-as nos números apropriados, começando no 1 e indo até o 9, conforme mostrado na ilustração.

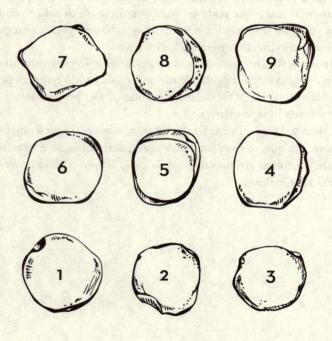

Leitura do Quadrado Sagrado dos Nove

Cada fileira horizontal é dedicada a uma das Nornas, ou as três irmãs do Destino, que, segundo o mito, atiravam bastões rúnicos no Poço de Urd aos pés da Árvore da Vida.

> As **runas 1-3** dizem respeito a Urdhr, a Norna que trata de eventos e pessoas do passado, ou de que ou quem tenha contribuído para a situação presente, tanto de forma positiva quanto negativa.
>
> As **runas 4-6** são de Verdandi, a Norna relacionada a eventos e pessoas do presente, ou a que ou quem esteja mantendo a situação atual em curso, tanto de forma positiva quanto negativa, inclusive por meio do medo.
>
> As **runas 7-9** são de Skuld, a Norna que trata do futuro e do que está por vir. O conhecimento de Skuld do futuro e do destino está em constante mutação, pois precisa levar em consideração a intrincada rede de ações, eventos e decisões do passado e do presente.

O Quadrado Sagrado dos Nove em Ação

Nessa leitura, usaremos o passado, o presente e o futuro. Nathan é um terapeuta na casa dos sessenta anos de idade que, desde sua aposentadoria, organizou um grupo de cura. Todavia, recentemente, esse grupo mudou de forma radical, recebendo muitas pessoas jovens que impuseram diferentes metodologias. Nathan vem se sentindo cada vez mais isolado e seu trabalho terapêutico tem sofrido os efeitos do ressentimento que o consome.

A Interpretação
Nathan tirou as seguintes runas:

Urdhr, a Irmã do Passado
Runa 1: Gebo, a runa da parceria e da doação de todos os tipos, parece representar o trabalho terapêutico de Nathan e as relações harmoniosas que costumava ter com o grupo de cura. Ele sente que esse relacionamento não é mais possível devido aos novos membros do grupo.

Runa 2: Ingwaz, a runa do afastamento, representa o fato de Nathan ter se tornado menos entusiasmado após a morte de sua esposa — e colega de trabalho — três anos antes, uma pessoa que era o alicerce do grupo. Após a morte dela, aliás, diversos membros antigos decidiram abandonar os encontros.

Runa 3: Thurisaz, a runa do espinho e da proteção, descreve, segundo a interpretação de Nathan, a forma como ele se sentiu, "espinhoso", ao perceber que pessoas jovens estavam entrando no grupo. Não só elas não haviam conhecido sua falecida esposa, como também começaram a mudar a natureza do grupo, o que deixava Nathan péssimo. Contudo, sua vulnerabilidade e o fato de ter se tornado viúvo o deixaram impaciente com a mudança e com a chegada de pessoas novas.

Verdandi, a Irmã do Presente

Runa 4: Mannaz, a runa da aceitação dos pontos fortes e dos pontos fracos em nós mesmos e nos outros, pareceu bastante significativa para Nathan, já que ele estava receoso de não ser mais capaz de curar da forma como fazia antes. Nathan afirmou que, como todo mundo parecia tão autoconfiante, ele se sentia relutante em admitir que precisava de ajuda para atender clientes complicados.

Runa 5: Nauthiz, a runa da necessidade e da necessidade de satisfazer às próprias urgências, sugeriu que talvez Nathan precisava aceitar o fato de que aquela era a hora de dar um passo atrás e perceber que o grupo já não era o melhor ambiente para ele usar seus dons.

Runa 6: Elhaz, a runa da urtiga e do potencial espiritual, refletiu os medos de Nathan. Ele achava que, se admitisse o quanto queria deixar o grupo, estaria negando sua própria natureza espiritual. Mas, na verdade, o grupo de cura estava, devido ao ressentimento que invocava em Nathan, bloqueando seus dons de cura.

Skuld, a Irmã do Futuro

Runa 7: Berkano, runa da regeneração e do cuidado, revelava que Nathan não deveria abandonar seu trabalho de cura, mas sim continuá-lo de outra maneira. Ultimamente, ele estava pensando na possibilidade de trabalhar sozinho, provavelmente de casa, a fim de que pudesse conversar longamente com quem precisava de trabalho terapêutico, algo difícil no grupo, já que ali havia um sistema de agendamento.

Runa 8: Ansuz, a runa da comunicação e da inspiração, provocou em Nathan a lembrança de que ele já havia sido convidado diversas vezes pela Organização Espiritualista Nacional para escrever um artigo sobre o desenvolvimento da cura terapêutica dentro do movimento espiritualista. Ele sempre declinou o convite por estar ocupado demais organizando o grupo.

Runa 9: Wunjo é a runa da alegria e do sucesso. O que faria Nathan feliz? Ele gostaria de visitar seu filho na Austrália, mas não o fazia por relutar em abandonar o grupo. Essa foi uma limitação autoimposta, pois estava temeroso de que se virassem bem demais na ausência dele (Nathan gostava de pensar que era muito necessário para o equilíbrio do grupo). Agora que estava livre, era hora de viajar para, em seguida, voltar e embarcar em novos começos.

No próximo capítulo,
aprenderemos a usar as runas
para a cura e para a magia.

Mágica Rúnica e Criação de Objetos Rúnicos

MANUAL PRÁTICO DAS
RUNAS

As RUNAS, ASSIM COMO OS ANTIGOS HIERÓGLIFOS egípcios, são muito mais que símbolos. Cada uma contém dentro de si o poder do significado que será liberado para a sua vida ou enviado àqueles que precisem de força ou cura quando você escreve ou grava o símbolo em um objeto para energizá-lo magicamente.

MAGIA RÚNICA DAS VELAS

Uma das formas mais simples e poderosas de liberar as energias rúnicas na sua vida ou na daqueles que precisam delas é gravar a runa apropriada na base de uma vela vermelha (a cor mais utilizada na magia rúnica) com um canivete ou uma chave de fenda. A parafina da vela representa a terra, a fumaça representa o ar, a chama representa o fogo e a cera derretida representa a água.

Outra forma de fazer o símbolo é traçar a runa bem de leve, de maneira que permaneça praticamente invisível, com a ponta da unha do dedo indicador de sua mão dominante, para imprimir na vela o poder da runa escolhida e preenchê-la com sua essência. A vantagem desse segundo método é que você pode acender a vela em qualquer lugar, pois seu significado continuará secreto.

Por exemplo, se você estiver para receber parentes complicados para um jantar, pode gravar nessas velas, de forma imperceptível, o símbolo de proteção da runa Thurisaz, ou, se for um encontro especial, pode gravar Gebo, a runa do amor.

Consulte novamente o significado de cada runa nos capítulos anteriores para escolher a que melhor se encaixa nas suas intenções. Utilize Isa, a runa do Gelo, por exemplo, se quiser se reconciliar com a família ou impedir uma briga. Para questões complexas, você pode traçar diversas runas na vela, tanto verticalmente quanto no diâmetro dela ou usar uma runa combinada, sobre a qual explicarei adiante.

Ao acender a vela, peça em voz baixa aquilo que deseja obter, e pense para quem esse poder está sendo enviado e também que seu ritual será feito para o bem maior e com a mais pura das intenções.

Então, enquanto a vela queima, o poder da runa será ampliado pela energia criativa da chama e liberado para quem ou o que precisar dela.

Para potencializar a magia, acenda um incenso de pinho ou cedro usando a chama da vela rúnica e, segurando-o como uma caneta na sua mão dominante, desenhe no ar nove vezes, acima da chama da vela, o símbolo rúnico escolhido.

Depois deixe que a vela e o incenso queimem até o final.

COMO ENERGIZAR UM AMULETO OU UM TALISMÃ RÚNICO

Um amuleto é usado para proteção, enquanto um talismã é criado para um objetivo específico em um momento específico, ou para um propósito em ação, como um feitiço de amor ou de cura.

Você pode criar qualquer um deles usando uma pedra lisa e uma caneta vermelha permanente ou tinta vermelha e um pincel.

Se desejar energizar com o poder rúnico uma joia ou bijuteria, um cristal ou qualquer outro objeto que use no seu dia a dia, trace o símbolo rúnico com o dedo indicador da sua mão dominante na superfície dele. Outra opção é derreter uma vela de cera de abelha, gravar o símbolo na cera antes que ela esfrie e desenhar um círculo ao redor dele. Argila também é excelente para fazer talismãs rúnicos.

Como Energizar seu Símbolo Rúnico

Arranje suas runas divinatórias (todas as 25) em um círculo, começando com a primeira runa do primeiro *aett*, Fehu, e terminando com a última runa do terceiro *aett*, Dagaz. A seguir, acrescente a runa vazia, a fim de que esteja à esquerda de Fehu se você estiver olhando do lado de fora do círculo. As runas podem ser bem espalhadas para que o círculo seja largo o bastante para receber artefatos mágicos.

Se preferir, siga a tradição nórdica de trabalhar dentro de um quadrado mágico, compondo-o com seis runas de cada lado e deixando de fora a runa vazia. As primeiras quatro posições elementais estarão na metade de cada lado, com a primeira, Terra, no canto mais distante de você; em sentido horário estarão Ar, Fogo e Água nos outros três lados do quadrado. Embora você possa usar esse método, escolhi descrever a formação do círculo, que é praticamente idêntico.

Imagine que o círculo é um relógio. Coloque um pequeno prato de sal para a proteção do elemento mágico Terra na posição onde seriam as doze horas.

Acenda um palito de incenso de fragrância de árvores ou ervas aromáticas em um incensário para reverenciar a sabedoria do elemento Ar e deixe-o na posição correspondente às três horas do relógio, sempre dentro do círculo.

Depois, a fim de obter a inspiração de seus ancestrais e espíritos guardiões, acenda uma vela vermelha, para o elemento Fogo, e coloque-a na posição das seis horas.

Na posição das nove horas, encha uma pequena cumbuca de água para o elemento Água, pensando na bondade e na magia que fluirão.

Finalmente, segundo a tradição nórdica, para o quinto elemento, o Gelo, prepare um prato de cubos de gelo e deixe-o do lado de fora do círculo, exatamente acima do elemento Terra (na posição das doze horas), para representar coragem, força e o derretimento de todos os obstáculos.

Coloque no centro do círculo o símbolo rúnico que deseja energizar.

Salpique um círculo de sal em sentido anti-horário ao redor do círculo rúnico, dizendo: "*Eu invoco proteção para este círculo e peço a Nerthus, a Mãe da Terra, e a Edda, a deusa da sabedoria e da adivinhação, que abençoem este amuleto/talismã rúnico e concedam [diga em voz alta o seu pedido e especifique para quem é destinado]*".

Agora segurando o incenso aceso com sua mão dominante, faça espirais de fumaça em sentido horário ao redor do círculo, a cerca de 5–8 cm de distância dele, começando do quadrante da Terra e terminando no símbolo no centro, dizendo: "*Eu invoco a sabedoria para este círculo e peço a Odin, o Pai dos Céus, que abençoe este amuleto/talismã rúnico e conceda [diga em voz alta o seu pedido e especifique para quem é destinado]*".

A seguir, passe a vela também em sentido horário ao redor do círculo e sobre a runa no centro dele, dizendo: "*Eu invoco a inspiração dos ancestrais e espíritos guardiões para este círculo e peço a Tiwaz, o Espírito Guerreiro e Estrela Norteadora, que abençoe este amuleto/ talismã rúnico e conceda [diga em voz alta o seu pedido e especifique para quem é destinado]".*

Com os dedos, espirre água em sentido anti-horário ao redor do círculo, pouco além do círculo de sal, dizendo: *"Eu invoco a bondade e a magia dos antigos para este círculo e peço a Frigga, a mãe amorosa e gentil, com sua roda giratória de estrelas, que abençoe este amuleto/talismã rúnico e conceda [diga em voz alta o seu pedido e especifique para quem é destinado]".*

Finalmente, passe o prato de gelo sobre a chama da vela e depois sobre o símbolo rúnico, em sentido horário e depois anti-horário, dizendo: *"Então, com o fogo e o gelo unidos neste processo criativo, eu invoco o poder das runas. Peço a Thor, aquele que derrotou os gigantes de gelo, que abençoe este amuleto/talismã rúnico e conceda [diga em voz alta o seu pedido e especifique para quem é destinado]".*

Devolva o gelo ao lugar dele e permita que a vela e o incenso queimem até o fim.

Depois disso, jogue o sal remanescente dentro da cumbuca de água e acrescente o gelo derretido nela. Deixe o conteúdo do recipiente fluir pelo solo do lado de fora do círculo ou, se estiver em um ambiente fechado, jogue-o na pia, com ajuda da água corrente da torneira.

Seu símbolo rúnico agora está energizado. Você pode repetir o ritual mensalmente, se desejar, para renovar as energias do seu amuleto.

Vista e ou carregue consigo o item rúnico dentro de um saquinho amarrado com um cordão vermelho.

CORRESPONDÊNCIAS ALFABÉTICAS PARA A REALIZAÇÃO DE DESEJOS MÁGICOS

Para escrever seus desejos mágicos, use símbolos rúnicos que correspondam às letras do alfabeto. Depois queime o papel na chama de uma vela vermelha para liberar o poder da runa.

Ao fazer a inscrição de seu desejo em rúnico, reduza as letras duplas, como *happy* (feliz), por exemplo. Opte por *hapy*. A menos que exista um ditongo rúnico específico, como *th* (de Thurisaz), que possui uma correspondência rúnica direta, escolha sons fonéticos, transformando *ph* em *f* ou simplifique. Uma palavra com *sh*, por exemplo, pode ser escrita somente com *s*.

Na escrita rúnica, não há letras maiúsculas, espaço entre as palavras ou pontuação, por isso fique à vontade para separar as palavras ou escrevê-las juntas se quiser. Mantenha a direção da escrita, da esquerda para a direita. Nas páginas a seguir, abordaremos que tipo de magia é mais apropriado para cada tipo de runa.

FEITIÇOS RÚNICOS

Você pode criar facilmente seus próprios feitiços rúnicos usando o seguinte formato básico que incorporará tudo que já aprendemos neste capítulo.

Procure na lista alfabética pela runa que mais se encaixa no seu propósito mágico e grave-a, de forma visível ou invisível, na lateral de uma vela vermelha que ainda não foi acesa.

Agora, se possível usando o alfabeto rúnico, escreva seu desejo com uma caneta vermelha em um longo pedaço de papel branco e acenda a vela.

Acenda um incenso de fragrância herbal ou de árvore e desenhe o símbolo rúnico no ar sobre a vela e o papel ou, quando se sentir confiante de que sabe escrever toda a mensagem em rúnico, passe-a na fumaça do incenso, usando-o como uma caneta.

Então queime o papel nas chamas da vela e jogue-o em um pote com terra.

Deixe a vela e o incenso queimarem até o final.

A seguir, pegue o papel queimado ainda no pote e, se o que estava escrito for sobre uma questão prática ou de progressão lenta, enterre-o junto com a terra sob uma árvore ou um arbusto viçoso.

Se precisar da ajuda de terceiros para realizar seu desejo, ou se quiser um resultado rápido, simplesmente deixe a terra e as cinzas do papel no solo (use papel biodegradável) em um lugar aberto. Se a questão envolver mudanças de relacionamento ou viagens, jogue todo o conteúdo do pote em água corrente.

RUNAS COMBINADAS

Chamamos de runas combinadas aquelas que envolvem a junção de dois ou mais símbolos rúnicos para ampliar o poder de cada runa. Às vezes elas surgem em escritos antigos, esculpidas em joias ou artefatos mágicos.

As runas combinadas são, em essência, uma arte criativa. O ideal é que sejam elaboradas por alguém com alguma necessidade específica. Com frequência, outros símbolos rúnicos aparecem combinados às runas previamente escolhidas para potencializar a energia mágica.

Essas runas podem ser desenhadas, pintadas em cristais ou gravadas em discos de madeira, pedra, metal, argila ou cera, em velas, ou mesmo de forma invisível, com a ajuda do dedo indicador de sua mão dominante.

Você pode usar seu amuleto de runas combinadas em um cordão ao redor do pescoço. Os símbolos rúnicos podem ser desenhados de cabeça para baixo, horizontalmente ou, ainda, sobrepostos, a fim de criar um foco singular e único de energia. Farei sugestões de alguns tipos que funcionaram para mim, mas sinta-se à vontade para criar seus próprios formatos e combinações.

- **Escreva** as iniciais de alguém que você gostaria de impedir de fazer o mal (usando o alfabeto rúnico, se possível) e embrulhe a combinação rúnica, deixando-a segura pelo tempo necessário. Faça esse ritual com bondade no coração.

- **Desenhe** uma série de runas combinadas de proteção pela sua casa, na terra, nas pedras, nos galhos ou na grama, depois apague-as ou remova-as para que se tornem invisíveis, a fim de repelir negatividade e atrair saúde e boa sorte.

- **Enterre** uma runa combinada de fertilidade se estiver enfrentando problemas de esterilidade, para restaurar a vida em um local abandonado ou negligenciado, ou também para sua própria casa.

- **Coloque** uma runa combinada com símbolos de fertilidade e potência debaixo do seu colchão se você e seu parceiro estiverem tentando conceber uma criança.

- **Faça** uma grande runa combinada com símbolos de proteção usando pequenos canos de bambu ornamental amarrados com um fio vermelho. Amarre três nós em cada intersecção. Você pode cultivar dentro dele uma trepadeira, como jasmim ou madressilva, para que ajude as energias a crescerem.

- **Desenhe** uma runa combinada no ar antes de dormir ou de sair de férias para proteger seu lar e seus pertences.

- **Desenhe** uma runa combinada de proteção com fumaça de incenso sobre suas bagagens, antes de uma viagem, para evitar que sejam roubadas ou perdidas.

- **Desenhe** runas na tela de seu computador, digitalmente ou use imagens de runas como protetores de tela.

- **Enterre** a runa combinada e plante ervas aromáticas sobre ela. Algumas pessoas acreditam que seus planos florescerão com as ervas. Outra opção é atirá-las à água corrente ou amarrá-las a uma árvore no topo de uma colina.

Exemplos de Combinações

Thurisaz (O Martelo de Thor) + Uruz (A Manada Selvagem): para proteção contra ataques físicos ou psíquicos; boa também para viagens que serão feitas sem companhia.

Fehu (Riqueza Móvel) + Gebo (O Presente) + Wunjo (Alegria Pessoal): para proteção contra todas as formas de perda financeira e dívida e para trazer prosperidade e segurança material.

Ehwaz (O Cavalo) + Ansuz (A Voz do Universo) + Uruz (A Manada Selvagem): para proteção contra doenças e para manter ou restaurar a saúde e a harmonia.

Gebo (O Presente) + Ingwaz (A Fertilidade e o Deus-Pai): para fertilidade, seja com a intenção de conceber uma criança ou uma empreitada criativa. Se você estiver tentando ter um filho, talvez fosse interessante acrescentar Berkano, a runa da Deusa-Mãe.

CRIANDO SUAS PRÓPRIAS COMBINAÇÕES RÚNICAS

As menções a seguir são meras sugestões. Experimente combinar as runas seguintes de formas diferentes (pratique no papel antes até que esteja feliz com o desenho).

Para sucesso material: Fehu, a runa da prosperidade; Sowilo, a runa do sol e do sucesso; Gebo, seus dons; Wunjo, felicidade pessoal; Jera, para colher o que planta.

Para boa saúde: Ehwaz, runa da paz de espírito; Mannaz, resistência e força; Uruz, poder primal de superar obstáculos; Dagaz, a luz no fim do túnel.

Para felicidade e segurança do lar: Othala, runa do lar; Berkano, dos relacionamentos; Jera, runa dos ciclos naturais; Ehwaz, harmonia; Mannaz, runa das forças e fraquezas.

Para o amor: Berkano, runa dos relacionamentos; Laguz, runa das emoções; Gebo, da doação e do casamento; Nauthiz, runa da satisfação mútua das necessidades; Ansuz, runa da comunicação clara e amorosa.

Para fortalecer a própria identidade: Perthro, a runa do seu eu verdadeiro; Kenaz, da voz interior; Elhaz, a runa de querer mais do que o momento; Wunjo, para felicidade pessoal.

Para mudanças há muito adiadas: Raidho, runa da viagem empolgante, porém árdua; Eihwaz, o teixo que deve preservar o que é digno apesar das mudanças; Hagalaz, a capacidade de enfrentar os problemas para mudar as coisas.

Para reconciliação: Ehwaz, runa da harmonia; Isa, para derreter o gelo; Berkano, relacionamentos; Elhaz, segurar a urtiga por um momento para depois conseguir uma utilidade para as coisas.

MANUAL PRÁTICO DAS
RUNAS

CONCLUSÃO

As runas são uma das formas mais fáceis e poderosas de adivinhação; quanto mais você as utiliza, mais elas respondem às perguntas do seu dia a dia. A magia do mundo antigo também pode se relacionar às nossas necessidades cotidianas e contemporâneas. O *Manual Prático das Runas* funcionará como seu guia, abrindo uma porta para um universo onde, em companhia de suas runas, sentado entre as árvores ou à beira das águas, as vozes da natureza e dos tempos antigos ecoarão no seu coração e na sua alma.

Aproveite a jornada.

ÍNDICE REMISSIVO

A

aettir, 21
Água, o Mar, 68
Alce ou a Urtiga, 59
Alfheim, 94
amuleto, 11, 109
Ansuz, 33
Asgard, 23, 52, 94
As Raízes da Árvore, Niflheim, 94
As três Nornas, 80
Auroque, 31

B

Bastões Rúnicos, 21
Berchta, 65
Berkano: A Deusa-Mãe, 65
Bétula, 65
Bisão, 31

C

cartas de tarô, 80
Cavalo, 66
Como Energizar seu Símbolo Rúnico, 109
Confeccionando as Próprias Runas, 16, 18
Configuração Rúnica Simples, 80
consagração de runas, 16, 21, 22
Copa da Árvore, Asgard, 95
Correspondências Alfabéticas, 112

D

Dagaz, 72
Desejos Mágicos, 112
Desenvolvendo Técnicas de Tiragem, 76
Despertar, 72
Deusa-Mãe, 9
deusas do destino, 14, 80
Deus da Fertilidade, 70
Deus da Mão Arrancada, 64
Deus do Trovão, o Espinho, 32
Deus-Pai das profecias, 75

E

Ehwaz, 66
Eihwaz, 56
Elhaz ou Algiz, 59
Espírito Guerreiro, 63
Estrela-guia, 63
Estrela Polar, 63
Exemplos de Combinações, 115

F

Fehu, 30, 45, 47, 109
Feitiços Rúnicos, 112
fertilidade, 9, 29, 55
Fogo do Festival, 53
Freya, 21
Frigg, 94
Futhark Antigo, 8
futuro, 7, 14, 101

G

Gado, 29
Gebo, 36
Gelo, 43
Granizo, 52

H

Hagalaz, 52
Heimdall, 22, 50, 52
Hel, 94
História das Runas, 9
Humanidade, 67

I

Ingwaz, 9, 70
Interpretando as Runas, 43
Isa: Gelo, 43, 54

J

Jera: a Colheita, 55
Jotunheim, 94

K

Kenaz, 35, 60
kit de runas, 17, 24

L

Lado Vazio da Runa, 45
Laguz, 68
lar, 7
Lar, 71
Leitura da Árvore da Vida, 94
Leitura do Quadrado Sagrado
    dos Nove, 101

M

Magia Rúnica das Velas, 107
mágica rúnica, 106
Manada Selvagem, 31
Mannaz, 67
mar, 69
Martelo de Thor, 22, 32
Métodos
    Básicos, 40
    da Árvore da Vida, 93
    do Quadrado Sagrado dos Nove, 100
    Mais Complexos, 88

Raidho, 89
Midgard, 94

N

Nascer do Dia, 72
Nauthiz, 53, 60
Nidavellir, 94
Niflheim, 94
Nornas, 14
Nott, a deusa da noite, 72
nove runas, 42

O

objetos rúnicos, 106
Odin, 94
Othala, 71

P

Para boa saúde, 116
Para felicidade e segurança do lar, 116
Para fortalecer a própria identidade, 116
Para mudanças há muito adiadas, 116
Para o amor, 116
Para reconciliação, 116
Para sucesso material, 116
passado, 14, 101
Perthro, 57
Poço de Urd, 101
Poder das Runas, 15
presente, 14, 36, 101
Prevendo o Futuro, 14
Primeiro Aett, 21, 28

Q

Quadrado Sagrado dos Nove, 101

R

Raidho, 34, 47
Registrando suas Leituras, 26
Riqueza Móvel, 29
Roda da Carroça, 34
Roda do Sol, 34
Runa
    Branca, 75
    de Odin, 75
    de Wyrd, 75
    do Dia, 39
    vazia, 75
Runas
    ao Longo das Eras, 8
    Combinadas, 113
rúnico, 112

S

Skin-faxi (crina brilhante), 72
Skuld, 15, 101, 104
Sol, 60
Sowilo, 60
superfície, 25
Svartalfheim, 94

T

Taça da Aposta, 57
Talismã Rúnico, 109
Teixo, 56
Terceiro Aett, 62
Thurisaz, 32, 108
Tiragem Alternativa, 83, 84
Tiragem de Runas nos Tempos Antigos, 10
Tiragem de Seis, 76
Tiragem de Três, 46
Tiragem dos Destinos, 80
Tiragem dos Destinos em Ação, 81
Tiragem Rúnica, 24
Tiwaz, 62
Tronco da Árvore, Midgard, 95
Tyr, 22, 63

U

Urdhr, 14, 102
Uruz, 31

V

Vanaheim, 94
vela, 107
Verdandi, 15, 103
vikings, 7, 13

W

Wunjo, 38

Y

Yggdrasil, 14, 80, 93, 100

CASSANDRA EASON é psicóloga e autora prolífica de livros sobre magia e espiritualidade. Ela também é palestrante e organiza workshops em todo o mundo sobre o paranormal. Durante os últimos quarenta anos, escreveu mais de 130 livros, muitos dos quais foram traduzidos para vários idiomas, incluindo japonês, chinês, russo, hebraico, português, alemão, francês, holandês e espanhol. Eason tem cinco filhos e quatro netos, os quais considera sua maior alegria e conquista. Atualmente, mora na Isle of Wight, na costa sul da Inglaterra. Saiba mais em cassandraeason.com

MAGICAE
DARKSIDE

MAGICAE é uma marca dedicada aos saberes ancestrais, à magia e ao oculto. Livros que abrem um portal para os segredos da natureza, convidando bruxas, bruxos e aprendizes a embarcar em uma jornada mística de cura e conexão. Encante-se com os poderes das práticas mágicas e encontre a sua essência.

DARKSIDEBOOKS.COM